Discourses on Audiences

閱聽人論述

◎盧嵐蘭 著

序

　　我們都是閱聽人，然而我們又常對閱聽人感到好奇與不解。閱聽人在當代社會中具有高度重要性，不只媒體重視閱聽人，舉凡政治、商業、學術、社運界等也都關注閱聽人，因為閱聽人已成為一種資源與力量。大家都想知道如何吸引閱聽人，或是如何影響閱聽人，許多關於閱聽人的探討皆屬於直接或間接服務於這些目的。

　　閱聽人分散四處，閱聽人使用媒介的過程或解讀媒介文本的情形都不是十分明確清楚，因而人們一面探討閱聽人也一面想像閱聽人，所以我們有了許多關於閱聽人的說法，它們企圖讓大家了解或相信閱聽人是什麼樣的人、會做怎樣的事。然而這些說法如何形成、它們如何描繪閱聽人，這些也是值得觀察的課題，本書嘗試進行這項工作。

　　了解閱聽人其實頗為困難，包括我們自己雖然做為閱聽人，假如未能靜心自省，也往往不易透澈了解自己的媒介經驗。由於媒介滲透至日常生活的許多層面，並和許多日常活動結合，所以要了解閱聽人便必須去認識閱聽人的生活，因為人們是在許多日常活動中接觸及使用媒介而成為閱聽人，人們對媒介的經驗總是夾雜著其他活動的經驗，也牽涉著一些社會關係的影響，所以閱聽人的經驗總是比表面行為來得複雜得多。儘管這些繁複及晦澀的過程令人感到困擾，但卻是探討閱聽人時必須觸及的經驗層

次，所以晚近的閱聽人研究已更加注重日常生活脈絡的影響，以及閱聽人的各種反應形式，力圖讓閱聽人的真實經驗更鮮活地呈現。

　　本書探討閱聽人研究中對閱聽人的處理方式，以及其中對閱聽人的概念建構，並試圖說明閱聽人經驗歷程的意義，希望能在概念思考層面上有助於閱聽人研究對閱聽人的說明及詮釋。筆者思慮或有不周，尚祈各界先進不吝指正。

盧嵐蘭

寫於 2008 年春

目次

第一章　緒論

　　顧名思義，閱聽人研究是一個針對閱聽人及其相關現象的學術領域，所以這個領域中的主角「閱聽人」應該具有最鮮明的形象；然而弔詭的是，不少時候，學術研究中的閱聽人卻相當模糊與不明確，這並非說閱聽人研究者不知道自己的研究對象，而是指「閱聽人」經常以一種「再現」形式而進入閱聽人研究中，它們總是由於不同的再現方式而呈現各種差異。有時候，這些差異反映閱聽人的實際情形，更有些時候，它們還進一步反映再現過程所涉及的相關運作條件。可以說「閱聽人」是一種「建構」產物，屬於一種概念建構，然而我們經常據此而認識「閱聽人」，或依此而進一步去說明及判斷我們的媒介社會。因此，這裡出現一個必須處理的課題，這些被再現的「閱聽人」係經由何種建構過程而被產製，又讓我們如何認識閱聽人的各種風貌。固然，社會中有許多不同領域或機構都參與了再現閱聽人的過程，諸如政治、企業、傳媒、學界、乃至閱聽人自己都各自以某些角度及方式去捕捉或描繪閱聽人的輪廓，而其中透過學術性或科學性的探索及說明，往往在社會中成為具有重要意義及影響力的論述，因此，如果想要認識「閱聽人」如何被建構及再現，則了解學術圈如何處理「閱聽人」此一概念，便成為一種值得嘗試的管道，人們或許可由此而多方面去思考及觀察我們的傳播社會。

第一節 閱聽人概念及想像的閱聽人

閱聽人研究經常藉由預設的閱聽人概念而進行相關研究，即使不少研究對閱聽行為及其社會文化層面進行相當豐富的描述，不過做為基本的閱聽人概念本身卻較少成為注意焦點，似未能充分了解閱聽人概念的實質意義與可能影響。由於閱聽人研究的相關理論與研究傳統多側重於閱聽人形成的歷史發展、影響因素、研究流派與走向、以及種類衍變等，但對這些現象背後的概念成因與影響，卻不常提出充分的討論，然而對基本概念的反省及檢討往往關係著特定研究領域的深化、重整、與再出發。

如果我們暫時從一個略為簡化的角度來看，閱聽人研究在過去數十年中歷經的典範變遷，已代表「閱聽人」已在我們的觀念及想像中出現變化。從近來閱聽人研究出現的新概念與新觀點來看，其意味過去常使用之受眾觀念所具有的大眾意含已不全然適用，閱聽人研究領域的多樣發展，使得舉凡認知、態度、投入情形、解讀型態、性別、階級、族群、家庭脈絡、消費品味、文化框架、新科技、在地／全球等因素都成為必要的考慮因素，因而促使研究者意識到必須在理論與方法上有所調整（Livingstone, 1994; Morley, 1994）。

在對閱聽人的不同觀察角度中，不管是將閱聽人研究分成若干取徑，例如簡森（Klaus Bruhn Jensen）與羅森袞（Karl Erik Rosengren）（1990）將閱聽人研究分類為五種傳統，或麥奎爾

（Denis McQuail）（1997）將之區分成三種研究取徑，抑或是艾
伯克隆比（Nicholas Abercrombie）與朗赫斯特（Brian Longhurst）
（1998）提出的三種典範，在這些論述中，研究者還是預設某些
閱聽人概念的基本假定，或將這些基本假定存而不論，因此「閱
聽人」成為一種「自然的」概念。「閱聽人」可算是傳播研究的
基本概念或辭彙之一，在行之有年的閱聽人研究或測量中，不管
是量化或質性研究，無不試圖建構某種閱聽人的真實（Miller, 1994;
Moores, 1993; Ang, 1991; Ang, 1996），這些發展與變遷或許可簡
單地描述為，研究者對閱聽人的認識已從過去視閱聽人為孤立
的、被動的、與易受傷害，轉而強調閱聽人做為各種社會成員的
身分，並進而與媒介文本產生互動的詮釋關係，同時也更加重視
及探索不同社會脈絡的影響（O`Sullivan, 1994: 19-20）。不過大
多時候，這些研究仍未能明確勾勒出所謂閱聽人究竟為何，譬如，
在這些建構的閱聽人真實中，有些屬於實徵性真實，另一些屬於
概念性真實，還有屬於心理／精神真實。基本上，這些被建構之
閱聽人真實所反映的存在處境與經驗形式，是使這些閱聽人概念
獲致有意義之詮釋的基礎之一。有些人從媒介社會中的自我與經
驗著手，探討媒介社會對建構自我的影響（e.g., Thompson,
1995），或者指出後現代媒介化的經驗特質（e.g., Taylor & Saarinen,
1994），這些論述的共同點便是認為，面對媒介社會之變遷與後
現代的挑戰，人們對閱聽人的概念想像可能須有別於現代主義的
典範，尤其是認為閱聽人出現新的經驗形式，因此研究者也須採
取異於傳統的探討方法。

　　然而這些探討方式或觀照角度，依然屬於對閱聽主體的另一
種詮釋與建構，不管是現代主義的或後現代主義的取徑，都仍然

行走於建構閱聽人真實的道路上，「閱聽人」還是一個通過某些想像方式而呈現的概念。概念形成及其意義皆和論述脈絡關係密切，每一種研究取徑所論述的閱聽人真實總會反映該論述的產製過程，以及產製者所處的位置及條件。閱聽人概念因為這些不同的論述背景及過程，而在概念內涵中出現不同的偏倚。例如，時代的變遷往往凸顯於思考方式的改變，過去閱聽人研究多以個人的媒介使用行為為主軸而了解閱聽人，然而隨著社會的改變，以文化主體的角度來探討閱聽人的經驗被認為應是一種應努力的方向（Davis & Jasinski, 1994），於是許多社會範疇如階級、族群、性別、次文化等都成為探討閱聽人時的觀察方向，因此發展成各種閱聽人概念，也包含著對閱聽人主體的假定。

　　一般而言，主體論述是一個具爭議性的領域，尤其在後現代處境中，主體常呈現許多不同變貌，其中一種說法便是以遊牧式的主體來描繪新的經驗形式，這種不同於現代主義論述的主體性呈現出人們面臨一個自省的年代與社會符碼的重整，人們不斷走向自我，也因而愈來愈從屬於自己（Deleuze & Guattari, 1984; Elliott, 1996）。然而主體也可能因為社會關係的表面化和移動化，而出現無所依歸的經驗特質，因此後現代的主體兼具遊歷者、流浪者、旅行者、及遊戲者等特性，它們都異於現代人具有的一種宛如朝聖者之性質（Bauman, 1993, 1996; Probyn, 1996）。但是後現代主體未必因此而不相容於現代主義的主體，也或許前者原本就存在於現代社會中，只不過以前位處邊緣，如今則成為經常體驗到的生活形式（Bauman, 1993, 1996; Boyne & Lash, 1990）。雖然這些敘述各異其趣，但從某個角度來看，其實這些主體論述反映的是建構自我時所涉及之知識、實踐、與技術的歷史變遷（Rose,

1996），主體建構是一種管理自我的方式，在不同的環境下，個體的某些層面會被視為必須關懷與探討的對象，當然，其中還牽涉哪些人基於何種正當性，設定何種目標，並運用何種方法來探究這些對象。這些情形也都出現於閱聽人主體的討論中。

　　主體論述涉及理性問題，誠如許多後現代理論對理性的質疑，如果主體係藉由理性來掌握事物，則真正的情形是，理性透過再現而認識世界，但由於再現不可能等同於世界，所以理性也絕無法完全掌握事物，此際唯有透過想像才能支撐理性與事物的關係，並且還不能過度揭發此種關係所具有的虛構性，理性才得以建構現實（Dolar, 1994），所以理性與意識的消解遂成為認識過程的必經之路。不過反主體或反主體性的論述，往往面臨行動與判斷上的困難，因此是否必要重新思考這些問題以建構有意義的主體經驗一直是個被注意的論點（Lash, 1990; Jagger, 1996）。這些討論的關鍵之一在於，論述主體本身即為脈絡的產物，因此與其說它們是在呈現主體的狀態，不如說是呈現主體論述的狀態，這會引領我們走向概念探討的層面，因為如果概念提供的解釋可經由概念引導論述之方式而顯示，則我們探討概念的意義就不只是概念被賦予的意義，還包括概念使用的意義（Rosen, 1982: 1-22），因此主體的討論必須同時涵蓋主體概念的討論，並探討概念被用來組織人們觀察事物的方式。

　　在探討概念時，如果從語言分析的角度來看，則不管視概念為客體的綱目，或一種未飽和狀態、或是擁有語言能力，皆有可能會面臨解釋上的不足。現象學把擁有概念界定為獲得某種經驗的能力，或指涉某種經驗的能力，這種方式或可補語言分析上的不足，因為概念意義必須指涉某種可能的意識形式才得以被了解

（Pivcevic, 1975）。也由於概念須以經驗為基礎，所以概念範疇的建構也必須因應這種觀察，範疇不再是傳統認定之組成成分共有的必要與充分條件，它們並非直接對應於經驗以外的客觀現實，範疇的形成係基於想像的結構性認知模式，這些想像有賴於知覺能力與行動能力，但其結果又具有經驗上的主導性（Johnson, 1987），換言之，範疇建構不只是客觀認識的領域，也同時屬於行動層面的基礎。現象學者葛維區（Aron Gurwitsch）（1974）同意胡賽爾（Edmund Husserl）的看法，認為所有的邏輯範疇皆衍生自知覺經驗的基本結構，因而所謂的主體與述詞不能只被視為邏輯範疇，而是表現出某些知覺結構。由於範疇隱含有經驗與行動的基礎，因此認識的問題必然和實踐問題關係密切，範疇建構遂可延伸為行動能力的建構（Frye, 1996），從這個角度來看，範疇建構問題也就可以成為一種能力及權力之問題。

　　換言之，概念論述及範疇建構不只是科學研究的產物，它們既作為一種科學知識，同時也是一種社會控制系統，這種觀點對討論閱聽人概念及閱聽主體時具有參考價值，因為知識是一種文化形式，它們不僅構成意義，還會創造人們的認識對象與社會實踐，事實上，人類的經驗就是透過人們的概念化方式及其內容所構成（McCarthy, 1996）。假如說知識已成為一種有力的文化勢力，且社會真實不過是知識過程的結果，則閱聽人概念在許多相關論述內的角色，以及它本身透過某些論述而被建構的過程，就相當值得進一步了解，因為知識並非只是抽象的與靜態的思想產物，知識的形成過程在實際的感覺體驗以及抽象的思想形式之間來回穿梭，二者是兩種知識形式，人們的經驗現象便是發生於兩種知識形式的接觸過程中（Game & Metcalfe, 1996）。如果借用

這種看法，則閱聽人概念與範疇等相關論述也同樣可能指涉兩種
知識形式之間的互動，在此互動過程中逐步發展出各種閱聽施為
者（agent）與閱聽主體的概念建構，施為者與主體概念皆涉及個
體蘊蓄及展現的能力和可能性，它們屬於某種能量或權力。就施
為者本身的權力或自然能量而言，其呈現為一個連續帶，施為者
的主動行為必然涉及此連續帶的某些層面（Gustafson, 1986），
而我們可以援引此觀點去探討閱聽人概念及閱聽主體論述是否及
如何觸及此連續帶中的哪些能量。

第二節　閱聽人研究與閱聽人概念

　　常見的幾種閱聽人研究取徑，不外乎從心理因素、情境因素、
社會文化因素、媒介因素等來思考，此猶如以這些因素作為參考
架構，進而蒐集相關的實徵資料來從事說明，這就像是在一些意
義類型上填補具體的與實際的經驗，以做為問題的一種解答或了
解。當然人們可能討論這些意義類型是否充分而完備，此外，閱
聽人既然是異質而多樣的，人們就總能發現並提出許多具有某些
屬性的閱聽人概念。不過除此之外，還有一些後設層面也值得研
究，例如，是哪些因素在引導觀察、這些因素如何引導觀察、前
兩項問題造成怎樣的認識結果、這些認識結果又如何建構社會真
實、以及這種社會真實之建構隱含何種實踐層面上的意義。雖然
探討這些問題並不保證對閱聽人研究與閱聽人現象的全面掌握，
但卻有助於促進對這個研究領域的了解，因為它們不只是問閱聽

人是什麼以及在做什麼，而更要問「閱聽人」概念是什麼以及被拿來做什麼的問題，也同時可呈現出概念在管理與指導論述上扮演的角色。

傳播社會學者湯普生（John B. Thompson）（1994: 27-49）在探討媒介社會時指出，象徵權力便是使用象徵形式去干預及影響行動或事件過程的能力，而象徵形式指的是傳遞資訊或符號內容的各種表達形式，個體行使象徵權力時會使用各種資源，與其他權力形式相同的是，行使象徵權力所使用的資源，可被累積於機構與制度中，並獲得某種程度的自主性與穩定性。這些說明固然是針對傳播社會的發展與影響，然而對閱聽人論述本身涉及的象徵層面而言，亦相當適用。閱聽人概念及論述代表著聚焦及凸顯閱聽人某些面向的象徵形式，它們可能強化人們對閱聽人的特定印象、認識、及信念，並據此而接續引導出對媒介、政府、教育、及家庭等方面的相關管理要求。這些討論的背後可溯及「閱聽人」概念如何在某些脈絡下被想像與建構，探討閱聽人概念的論述脈絡旨在了解一個基本概念在其發展過程中，可能獲得怎樣的資源，以及展現何種權力形式，這項工作也就是去探討人們視為理所當然的「閱聽人」概念所憑藉的論述資源及其發展出來的結果。

換言之，這項工作旨在了解研究者在論述過程中運用概念的基礎。許多閱聽人論述反映出閱聽人概念的多樣性，此意味著研究者面對的研究對象並無固定明確的範圍或輪廓，所以研究者的論述往往是基於特定的立場而建構所謂的「閱聽人」。在這種情形下，閱聽人概念在反映研究者的觀察角度之餘，總可能遺漏其他面向（Brunt, 1992）。布迪厄（Pierre Bourdieu）以為學者傾向出現特殊的學究觀點，當這些觀點未經反省就被應用時，有可能

破壞它的認識對象，並創造一種純粹的人造物，同時也可能將這些學究觀點植入研究對象心中，或將自己的探討方式及知識模式歸之於認識對象（Bourdieu, 1998: 129-130）。同樣地，費斯克（John Fiske）（1992）也引用布迪厄的「習癖」（或生活心態）（habitus）概念而指出，學者習以為常的思維習慣與特性，使他們傾向進行抽象思考與概化推論，因而較未能充分掌握具體及實際的情形，學者的習慣性思維可能難以想像或捕捉日常生活具有的具體性、脈絡性、與鮮明性。這些學者都強調科學論述的限制，並指出應注意學術活動與客觀真實之間的距離，以此凸顯學術討論及其社會意義之間的關係。

拉圖爾（Bruno Latour）（1988）認為科學說明所展現的力量不僅是屬於邏輯方面的，也同時具有政治含意，他甚至懷疑理論說明力是否為一個值得追求的研究目標，因此轉而期望在科學語言之外致力於達成研究論述與研究對象之間較平等的地位。換言之，他質疑科學論述的傳統優勢，並認為研究者的語言有必要放棄傳統科學式的強勢說明，在此過程中，研究者方能進一步走入研究對象所屬的領域。這點和夏特（John Shotter）（1993a, 1993b）的看法類似，夏特將知識分成三種：實際知識、理論知識、和參與知識，其中的參與知識即指透過參與而從認識對象的內部獲得理解[1]，強調認識者與被認識者的對話互動是獲得參與知識的主要方式，也就是科學論述必須從日常生活論述中汲取資源。

---

[1] Shotter（1992）強調的「參與知識」旨在說明後現代研究在獲得知識之形式上已有所轉變，也就是從過去透過觀察而獲得知識轉變成透過接觸而獲得知識，這種轉變還包含幾項重點：人們從過去的重視理論轉而重視實踐；由重視事物的本身轉而重視活動與使用；從注意個體腦中想法轉而注意環境與社會的性質，以及後二者所能提供或允許的可能性；由專注於個體自己的行為

　　另外，沃克（Teri Walker）（1988）亦從另一方向指出這些論述之間的關係，沃克把專家論述稱為超越的論述（Transcendent Discourse），而把非專家的論述稱為內在的論述（Immanent Discourse），並認為內在論述往往以超越論述為基礎，但超越論述又必須在內在論述中獲得支持，因而在知識的形成過程中，可發現內在論述與超越論述的相互轉換，二者並非截然有別，沃克也指出科學家在建構超越論述之際，經常遺忘原本根植於內在論述，或是隱然指涉內在論述而不自覺。此點關乎研究活動的反身性問題。

　　無論何種程度的反身性，都可稱為研究者的「第二種聲音」（Woolgar, 1988; Woolgar & Ashmore, 1988），也就是研究者在科學論述外對研究活動的思維與檢視，包括研究過程、研究者自身、以及與研究對象的關係。對閱聽人研究領域而言，人們可以透過這種反身性觀點來了解閱聽人的科學論述所植基之認識者及認識對象的關係，以及這些關係代表的意義，同時也可進一步探討科學論述指涉內在論述時所涵蓋的層面及範圍。

　　從行動心理學的角度來看，論述行為是受個體計畫所指引，或換另一種說法，人們的論述與敘事行為皆有其理論依據，但這種理論並非抽象原則，而是衍生自道德秩序的規則，這些理論之所以被選取並做為敘事的依據，並非因為它們具有可驗證性，而

過程轉向注意和他人的協商；從植基於互動過程暫停之際的反省轉變成植基於日常生活中的社會活動；從強調語言的再現功能轉而強調語言對各種社會行動的統合作用；過去主要仰賴經驗來瞭解世界，現在則質疑這些經驗建構的社會過程；過去的科學知識係奠基於其恆久性的權威基礎，現在則須隨時修正。綜合來看，知識無法僅在外部進行超然觀察而獲得，而必須進入情境、紮根於行動過程，亦即經由實踐才可能獲得知識。

是它們在社會脈絡中佔有特定位置與地位,所以理論並不被用來預測行為或行動,而是被視為一種追求美好目標的指引(Murray, 1989)。由此來看,論述過程隱含道德意義,這些意義可能是個體認同的價值,也可能是集體認同的規範。長久以來,林林總總的不同理論派別或觀察角度,若進一步深究,其實可溯及它們在基本價值上的不同定位,例如個人價值優先或社會價值優先就常在許多不同的理論論述中隱然出現,當指涉個體優先時,個人往往在論述過程中被賦予最高價值,並貶抑結構因素的作用,反之,在強化社會價值時,個人也常消失不見(Slack & Whitt, 1992)。換言之,這些不同的論述方式與結果,其實就是反映某些價值屬性被賦予在認識對象上的情形,因而也常同時反映出論述者的價值判斷,包括對研究對象及研究關係在內,我們可將這種論述稱之為倫理論述,因為論述者並非完全以超然立場去分析或描述其認識對象,而是以一種價值涉入情形將自身與認識對象以某種隱然的關係形式連接在一起,亦即研究者在倫理論述中對研究對象進行了某種價值詮釋與道德詮釋。

可以說,多數科學論述皆包含某程度的倫理論述,因為科學說明並非完全屬於對研究對象的客觀描述與解釋,反而或多或少預設某種價值意涵,或換另一種說法,科學說明其實反映社會的主要意識型態,從而將這些說明所含的價值與要求加諸在被觀察或被說明的對象身上(Slugoski & Ginsburg, 1989)。一些屬於體系的、模式的、與架構的科學論述,其實還包括屬於情境的、社會空間的、與權力的意涵。閱聽人研究也必須由此後設層次加以檢視,探討科學論述及倫理論述對閱聽人所進行的建構及型塑工作。

第三節　本書範圍
——閱聽人研究論述的反思

　　從某個角度來看，閱聽人並非一個中性語詞，一方面由於許多媒體具有不同的價值位階，因而閱聽人和媒體的關係亦被視為具有價值屬性，另一方面，由於社會中的權力機構常對閱聽人有所要求及期待，閱聽人不時被牽連至政治的及商業的操作，讓閱聽人的形貌更為模糊。此外，閱聽人研究也由於不同的研究傳統而建構閱聽人，因此閱聽人研究中的閱聽人亦被賦予不同的屬性與定位。

　　本書內容部分源自筆者兩項研究[2]，旨在探討閱聽人研究的論述意義。第二章主要作為後續各章討論的前導，說明當前傳播研究中對閱聽人的主要操作，以反映學術社群對閱聽人的主要思考方式，這部分捨棄對個別研究案例的瑣碎分析，直接從主要的研究取徑作為說明及探討起點，目的在於希望獲得鳥瞰全局的視野。第三章說明閱聽人研究領域內涉及的科學論述及倫理論述，以及它們分別包含的論述位置，此處的論述位置屬於理想型（ideal types），以此反映閱聽人研究的主要論述形式。第四章及第五章則主要藉由懷德海（Alfred North Whitehead）的歷程哲學與範疇

---

[2]　這兩項研究為國科會補助之專題研究，分別為「閱聽人概念之科學論述與倫理論述」（計畫編號：NSC 86-2412-H-034-004）、「閱聽人：概念、範疇、權力——論傳播主體與傳播能力」（計畫編號：NSC 87-2412-H-034-001）。

總綱來思考閱聽人概念的可能發展,第四章先闡述懷德海哲學的
基本內涵及範疇總綱的內容,第五章則進一步引申以討論閱聽人
概念。第六章綜合前面各章,探討歷程觀與閱聽人主體的關係。

　　當然,閱聽人是多樣的,很難以單一典範或說明架構去涵蓋
多樣的閱聽人,本書除反思閱聽人研究論述外,另一個討論重點
在於強調閱聽人經驗歷程對了解閱聽人的重要性,雖然經驗歷程
並非新觀點,但卻常是模糊的觀念,因此我們可進一步探討其中
內涵,及其對發展閱聽人概念及閱聽人研究的價值。

第二章　閱聽人論述的多樣性

在閱聽人研究中，閱聽人以極其多樣的形式及內涵而出現於研究論述內。一般而言，閱聽人並無固定的形態，因為大多時候是由研究者以特定方式影響或決定了閱聽人會以何種形態出現，例如著重階級問題的研究者可以使閱聽人呈現明顯的階級屬性，強調性別的研究者也可讓閱聽人表現出鮮明的性別特質，因此，閱聽人研究中的閱聽人可以有多樣的表現形式。由於這些閱聽人多半是研究的建構產物，所以反映了研究社群對閱聽人的概念式想像。本章先概述閱聽人研究領域中主要的閱聽人概念論述，下一章將進一步探討這些概念論述反映的觀視角度及概念基礎。

第一節　多樣的閱聽人模式

有些時候，閱聽人研究史被視為典範的發展史（e.g., Abercrombie & Longhurst, 1998; Ruddock, 2001），不過也有學者認為實際情形較不是典範的替換，而是多元典範的並存，誠如莫里（David Morley）所言，有些人對閱聽人典範的說法，好像呈現一種階段論，由後一個階段凌駕前一階段，猶如從一個真理邁

入另一個真理；但事實上應該是存在若干不同模式，它們能夠掌握或凸顯媒體與閱聽人關係的不同面向（Morley, 2006: 111-112）。

　　晚近人們經常引用艾伯克隆比（Nicholas Abercrombie）與龍赫斯特（Brian Longhurst）提及的行為主義典範、收編／抗拒典範、與奇觀／展演典範（Abercrombie & Longhurst, 1998），但它們之間不應是取代的關係，所謂簡單閱聽人、大眾閱聽人、及擴散閱聽人之間，也不是非此即彼，而是同時並存。隨著傳播媒體的多樣及普及，以及隨著閱聽人對媒體的經驗日益豐富，閱聽人可能發展多種的反應形式及使用方式，並因應情境變化而採取不同的對應方式。所以前述典範式的說明，更多是反映出閱聽人研究之觀察重點的轉移，它們放大及強調閱聽人的不同特性。

　　多年來的閱聽人研究已逐漸發展出若干種閱聽人的類型學，相關研究者依照不同的分類方式將閱聽人劃分成不同類型，這種類型可算是讓人們從大方向去認識閱聽人的方便法門，我們也可從中大致了解閱聽人研究領域內對閱聽人概念的主要操作方式。以下以安德森（James A. Anderson）提出的分類為主（Anderson, 1998: 216-225），略予調整並輔以其他學者的觀點（e.g., Lindlof & Meyer, 1998; Lupton, 2006; Jensen & Rosengren, 1990; Allor, 1988; McQuail, 1997），透過概覽閱聽人被研究及論述的主要類型，以進一步了解閱聽人研究經由不同再現策略而讓閱聽人呈現的各種形象。

　　一般而言，閱聽人可先分成兩個層次來看：第一，形式的閱聽人（formal audiences）、第二，經驗的閱聽人（empirical audiences）。前者是指各種和閱聽人相關之工作者在其工作中對閱聽人進行建構的產物；後者則是在一些強調經驗主義（empiricism）之論述中

出現的閱聽人。它們各自包含幾種不同類型的閱聽人，以下分別
說明之。

一、形式的閱聽人：

　　這種閱聽人主要是媒體產業界與藝術界內一些從事產製、評
論、與分析媒介內容之相關工作者在他們的論述與實踐中所建構
出來的閱聽人，換言之，形式的閱聽人就是這些人的工作產物，
這種閱聽人既是他們完成工作的要件也是工作的成果。此種閱聽
人還包含兩種次類型：第一種是在媒介文本中被書寫或製碼的閱
聽人、第二種是作為批判分析之基礎或前提的閱聽人。它們的特
性如下。

1.製碼的閱聽人（encoded audiences）：

　　這是指每位作者在書寫時必然隱指的閱聽人，屬於文本的內
在結構。在傳播產業及組織中經常可見這種閱聽人論述，例如從
閱聽率、銷售市場、觀眾來信、或其他人際接觸獲得的資料，都
可成為傳播組織再現閱聽人的來源及依據，這種閱聽人對傳播組
織而言，可用於商業目的或政治目的，因此這種閱聽人中常出現
兩種形象，聰明的閱聽人與被誘惑的閱聽人，它們分別源自兩種
論述，前者主要出現於法制規範及社會運動的論述；後者則常出
現在廣告行銷的論述。

2.分析的閱聽人（analytic audiences）：

　　許多研究者及評論者都會呈現他們假定的閱聽人，這是在批
判分析或科學分析中建立的閱聽人特徵。這種閱聽人常在調查與

實驗研究中被創造出來，這些研究在收集資料時常植基於對某些對閱聽人行為的假定，因而分析論證結果的產生往往先於實際證據的出現。例如安德森引用一項調查研究指出（Helrgel & Weaver, 1989），婦女在懷孕初期三個月傾向收看情境喜劇，而到懷孕後期則偏好看動作片。這種研究結果乃基於假定受訪者在家中選擇收視節目的情形可由問卷反映出來。

二、經驗的閱聽人（empirical audiences）：

這種閱聽人雖然源自經驗主義的論述，但其實可以進一步分成兩類：超驗的閱聽人（transcendent empirical audiences）與情境的閱聽人（situated audiences）。前者獨立於閱聽人所屬特定環境，未將閱聽人定位於時空中，這種閱聽人論述呈現一種概推性與非歷史性。反之，情境的閱聽人則讓閱聽人呈現於時間、地方、與情境內，並受到這些條件的影響。超驗的閱聽人與情境的閱聽人皆分別包含幾種次類型，以下逐一說明。

1.超驗的閱聽人：

這種閱聽人論述源自客觀主義的經驗主義，強調類別（例如「成人的」閱聽人）而非情境，認為凡落入特定類別指涉的範圍內便屬有效，不管這個閱聽人來自何處。超驗閱聽人的概念有賴於等值原則，例如在成人類別內的任何成人都被認為是一樣的、同等的。超驗的閱聽人可有許多變化方式，端視被聯繫至哪些類別而定，但通常多採取兩種方式去呈現閱聽人：集合法與代理法。因此也跟著出現兩種閱聽人。

(1)集合的閱聽人（aggregate audiences）：

這是依據特殊的辨識方法去「收集」閱聽人，集合的閱聽人多出現在特定的抽樣過程中，例如 AC 尼爾森的「18-49 歲的職業婦女」就是這種閱聽人，這種閱聽人只存在 AC 尼爾森的定義中，是由這套定義所創造的閱聽人，它們不必然具有理論意義，也未必被樣本戶認同。這類閱聽人調查所採用的分類方式無關於閱聽人的實踐，因為這些類別之所以被使用，主要是由於商業原因。

(2)代理的閱聽人（surrogate audiences）：

這種閱聽人源自使用一種轉喻方式去選取某些個人以代表全部閱聽人。代理的閱聽人主要出現於實驗研究的論述，這種研究的焦點多針對人類的某些普遍特質，例如生理的、認知的、性的、心理分析的、或詮釋的特徵與實踐。由於這些特質被認為屬於一般人皆有，所以是哪些人參與實驗遂無關緊要，這些受試者便成為代理的閱聽人。

2.情境的閱聽人：

這種閱聽人論述認為閱聽人處於持續的社會行動中，必須加以說明，也不以為閱聽人注意媒體的行為具有完全自主性，更不相信不同閱聽人之間存在功能等值；相反的，閱聽人的行為都因為隸屬於特定環境而有其獨特性。情境閱聽人之論述傾向認為媒介內容固然具有潛在意義，但還有待被引發啟動，意義啟動係源自閱聽人的詮釋，並回應於持續的社會行動。所以，媒介內容不再僅是傳遞系統，而是被閱聽人用來產製文本的一項資源。此外，媒介內容也不是同等開放給所有的詮釋行動，意義是各種相競利

益之間的一種抗爭。如果將解讀視為一種語意的游擊戰，可代表某種抗拒反應，則情境的閱聽人可依面對文本時的解讀形式而進一步區分出三種類型。

第一、文本決定的閱聽人：閱聽人在這種層次所出現的反應主要是肯定文本的支配意識形態，或是文本的意識形態被自然化，在此，閱聽人的詮釋具有高度的慣例性與形式化，較少源自閱聽人特定的詮釋實踐。

第二、集體的詮釋策略（strategies of interpretation）：有鑑於後現代世界具有多重意識形態之性質，人們經常接觸及進入多種論述領域，這些論述領域往往依特定的策略性詮釋而被組織起來，因此這些詮釋策略讓不同團體成員成為文本決定的閱聽人。易言之，人們經常進入不同的論述領域，並運用該領域所具有的集體詮釋策略去解讀文本。例如在家庭中的觀看電視、或是一個學術場合中的使用媒體，二者各有不同的論述特性，人們可依參與不同領域而分別發展不一樣的詮釋策略。

第三、戰術性（tactical）解讀：相較於前兩種解讀形式，戰術性解讀最不具慣例性或形式化，相反的，這裡的詮釋是即興的，它們源自閱聽人基於了解及應用現成資源而進行解讀，同時，閱聽人在解讀過程中對媒介內容進行文本盜獵（textual poach）（de Certeau, 1984）。此種情形造成的結果之一是，傳播研究者不再能夠僅憑詳細研究媒介內容，或只分析閱聽眾組成而去了解閱聽人的解讀及經驗。

情境的閱聽人會由於所置身的情境、所獲得的語意資源、以及所從事的詮釋實踐而顯示出不同的表現，亦反映出閱聽人不同特質，因此可區分出三種閱聽人類型：

(1)策略的閱聽人（strategic audiences）：

這種閱聽人是依一套共享的詮釋策略而被界定，例如採用學術社群的詮釋策略時，則便是學術的閱聽人。策略閱聽人的概念著重於將閱聽人聯繫到詮釋社群，例如羅德葳（Janice Radway）的浪漫小說讀者（Radway, 1984）。這種社群發展出詮釋策略、提供傳遞與指導這些策略的方式、並監督它們的表現。許多情境中的閱聽人總是部分再現某些詮釋社群，不過詮釋社群中的成員並非等值的單元，社群中會有些人更能指導他人該讀什麼與如何解讀。

策略的閱聽人此一論述較不強調閱聽人暴露於特定媒介內容，而更著重受詮釋社群影響的詮釋實踐，因此，意義成為一種社群產物，所以也會去注意有些社群如何以某些方式（例如出版、演說、討論等）而重新產製媒介內容的意義。

(2)參與的閱聽人（engaged audiences）：

這種閱聽人屬於真正的社群成員，他們被指引而去注意某個文本，此時的文本有如成員關係的一個符號。參與的閱聽人和策略的閱聽人有幾點不同，策略的閱聽人係鬆散地結合在一起，通常詮釋社群的發展並不嚴謹，其中的社群監督也並不強。參與的閱聽人則是緊密結合及相互依賴，他們之間有著較綿密的人際網絡。雖然這兩種閱聽人都會宣揚自己的文本，但詮釋社群的手法較不細緻成熟（只像是迷雜誌）；而參與的閱聽人則常投注較多成本且高度支持團體內部的新聞信（這是解釋成員關係的主要文本）。

參與的閱聽人更明顯地進行其詮釋策略，因而更顯現出成員關係的性質，例如政治圈的人使用媒介及其內容（特別是新聞）

的方式便異於非政治圈的人，對我們多數人而言，新聞有些像生活的肥皂劇；但對政治圈來說，新聞及其操作是一種交易與生意。有時，參與的閱聽人亦參與於媒體產製過程，例如提供材料或內容（如新聞稿、刻意設計的新聞），因而與媒體之間存在著共生關係。

(3)**機會主義的閱聽人**（emergent audiences）：

這種閱聽人帶有機會主義的性質，他們和媒介內容的關係常植基於因媒介內容廣泛分佈而形成的常識性了解。這種閱聽人會出現於一些與閱聽人身分無關的社會行動中，例如人們送禮時，所送的禮物常和某些廣告一樣，即使人們從未看過該廣告。又例如許多人並未看過「藍波」電影，但多數人都知道這個角色的特性。

機會主義閱聽人的概念將媒介的影響力擴展到閱聽行為之外，但這種影響力會因社會行動而被調整，亦即具有認識能力的行動者，會依他們所參與的集體社會行動的目的而重新建構媒介內容。這種閱聽人凸顯出諸如反對、抗拒、與逆轉等日常實踐，都可能出現於閱聽人的詮釋中。

機會主義閱聽人之論述最能讓人了解多數媒介融入日常生活的情形。例如一個人雖然沒有看過《金剛戰士》（Power Ranger），但只要讀過評論、認識一些看過的人、聽過他們的討論，也就能夠討論這部電影。因此，雖然有些人沒有觀賞電影的經驗，但是電影仍然出現在人們的生活中，並被融合在一起。

第二節　閱聽人的本質化與非本質化

上一節的分類可視為主要的閱聽人概念論述，誠如安德森
（James A. Anderson）指出，對閱聽人的建構必然聯繫於對個體
的建構（Anderson, 1998: 214），閱聽人研究往往以對個體的某種
假定為前提，而發展出對閱聽人與媒體之間關係的探討。其中的
個體建構不外乎視閱聽人為位置（site）或施為者（agent）。

關於這些，安德森和麥奎爾（Denis McQuail）的看法類似，
麥奎爾認為閱聽人研究的主要傳統可分成三種：結構式傳統、行
為主義傳統、文化傳統與收訊分析。安德森認為在閱聽人論述中
個體位置主要有三：認知主義、社會或文化主義、結構主義。但
他更強調閱聽人在這些研究論述中被化約至某種位置，例如認知
主義強調內在心理結構，視個體如同一個檔案位置，儲存了一些
認知結構（例如價值、信念、態度、腳本、基模等），在此，研
究者傾向以為不必認識個人，因為真正產生作用的是價值結構或
基模等，個體只是表現這些認知結構的特定位置。社會或文化主
義強調社會的與文化的力量，在此個體的力量被淹沒，有些激進
觀點甚至認為個體在面對文化勢力時毫無招架之力，個體只是代
表這些勢力交錯的一個特殊點。結構主義則認為個體如同一個場
址，在此，有機體、社區、與語言的影響反映於人類行動的基本結
構中。研究者真正感興趣的是這些結構，有些較極端的結構主義者
還會主張個體的消失（人的死亡）（Anderson, 1998: 214-215）。

　　這種化約的觀點使得閱聽人概念單純化而易於操作，然而忽略了真實閱聽人的複雜多樣面向。艾羅（Martin Allor）曾在一篇文章中指出，閱聽人研究的若干批判傳統是以抽象的閱聽人整體性作為起點，因而研究論述的結果只是再製另一種抽象整體，並多著重於單一衝突領域（例如階級、性別、或主體性），而未能呈現多重決定的情形。他舉出閱聽人研究的五大批判傳統（政治經濟學、後結構主義的電影理論、女性主義批判、文化研究、後現代主義），認為它們化約閱聽人的方式分別如下（Allor, 1988）。

　　政治經濟學強調傳播的商品循環、市場結構、國家／企業的權力關係，並常引用馬克思主義模式中的物化與異化來討論個體，因而閱聽人在傳播工業中的地位就成為異化的一部分，例如當電視觀眾以為他們的「勞動」是休閒時，就已經和自己的勞動異化了。至於其他種類的閱聽人活動，例如閱讀媒介文本，也是以勞動力之全球分析的角度來說明。在此，「閱聽人」的抽象整體性被聯繫到另一個整體性的「勞工」。

　　後結構主義的電影理論中，較受人矚目的結構的馬克思主義與拉岡式心理分析皆提及主體的消解。在這種研究取徑中，閱聽人變成文本內的觀視者，在特定的論述實踐內完成其主體位置。電影理論將閱聽人活動以及對社會形構之影響等問題都置於論述層次上，視觀眾被文本建構而成，也是在文本內被建構出來。

　　在女性主義批判中，女性主義的讀者-反應批判已發展出性別化的文本實踐（包括文本表現的形式、再現的經驗），以及性別化的解讀實踐等較大問題範圍。許多相關研究把對小說的批判解讀銜接到性別化的詮釋架構，因而使解讀成為一種和他者接觸的模式。女性主義批判中的閱聽人較不是性別化的讀者，而是性別

化的解讀。即使在訪談讀者的研究中亦較是在強調文本與脈絡，而非讀者。由於女性主義指出文本是在父權脈絡中產生意識形態作用，因而這些解讀活動依然被連結到抽象的與一般的女性心理，並認為是被父權體制建構而成。

最直接探討閱聽人的批判取徑便是文化研究，表面上來看，這類研究的主要特性之一便是將閱聽人的詮釋問題扣連到數個具有影響力量的層次。一般而言，文化研究試圖連接論述、文本、與社會過程，而將閱聽人與權力問題重新置於詮釋活動的領域內。文化研究中閱聽人研究的製碼／解碼模式將閱聽人問題深植於霸權問題（Hall, 1980），在探討解讀種類時常有兩種傾向，其一，著重於新聞與公共事務節目，致力於凸顯一些再現社會秩序的記號體系；其二，一些關於次文化的研究亦常機械性地強調階級、教育、職業的決定性影響。如此一來，則所謂閱聽人便遠不如原本想像的複雜，舉凡階級、論述能力、解碼活動等多半以單一權力軸線來探討，也就是強調複製支配性的社會形構。

在後現代主義中，布希亞（Jean Baudrillard）的理論徹底改寫了媒介與閱聽人的關係，他認為過去一個世紀以來大量增加的記號、媒介、與再現系統已交溶了真實及擬像。由於個體對自身處境的認識係仰賴記號的封閉循環，所以已無基礎可供個體確認集體認同（階級、性別）以產生「真正的」行動。這種後現代主義觀點否定了個體與社會、以及意義與真實之間的任何中介關係。布希亞將權力置於大眾冷漠觀看的位置上，大眾在記號「循環」的「致死」策略中進行抗拒（Baudrillard, 1988）。後現代主義中的「大眾」成為一種內在的理論濃縮，使研究者能同時且以相同方式指涉個人心理、階級行動、與社會製碼。後現代主義批

判和電影理論很相似，傾向將閱聽人濃縮並概念化成文本詮釋中的擬像位置。

艾羅認為，在這些批判研究的論述中，閱聽人並不存在，因為他們並未擁有真實的空間，閱聽人只存在於研究者的分析論述內，同時舉凡制度、主體、與實踐等問題，也只有透過研究者的眼睛才看得到。在這些批判取徑內，主體可以有不同的名字，例如，勞工、文本內的主體、性別化的讀者、次文化、大眾。在此，閱聽人的位置分別位於勞動力、召喚、性別化、解碼、及擬像的社會過程中。這些閱聽人研究論述在個體與社會權力之間建構了濃縮的、抽象的關係，也各自以特殊方式複製傳統效果研究的線性模式，分別把閱聽人置於某些決定性的領域內。艾羅強調應拆解閱聽人被同質化的統一體，研究者不應將閱聽人概念化成靜態結果，而應「移動」於閱聽人的具體特性之間，例如電視觀看、情感聯繫、家庭過程等等。

近二十幾年來，閱聽人民族誌興起後，閱聽人的非本質化日益受到重視，在此脈絡下，林洛夫（Thomas R. Lindlof）與梅爾（Timothy P. Meyer）指出，「閱聽人」一詞意味許多事物，包括特定情境下的實踐、詮釋策略、社會形構、使用的脈絡、以及產生注意的場合等等。前三種一直是閱聽人質性研究或民族誌的重點，後二者近年來受到更多關注。據此而形成的閱聽人探討方式可大致分成五類（Lindlof & Meyer, 1998: 251-257）：

1.家庭閱聽人：

閱聽人民族誌常偏愛探討電視對家庭的影響，家庭之所以成為主要的研究對象，係因長久以來電視在家庭中扮演重要角色。多數家庭擁有電視機，同時也隨著社會日益富裕與電視機價格更

為便宜，一般家庭把更多休閒時間用於看電視上。民族誌在研究
家庭時，主要關注電視如何整合於日常家庭生活的基礎結構。這
類研究認為電視如同一種多重向度的力量，它是整個脈絡中的一
部分，在此家庭成員參與創造日常生活的動態過程。

家庭民族誌試圖揭示人類行為的複雜性，並著重對「過程」
的了解，但儘管許多人都強調過程，然而實際上卻常避開對過程
的研究，其中主要原因在於研究家庭情境中的過程，需要投入相
當大的資源，包括時間、金錢、精力。不過這種研究價值是無可
否認的，家庭民族誌能夠了解家庭成員如何實際使用電視與其他
科技，以及媒體對家庭成員的意義如何隨著時間而改變。

2.接收的閱聽人：

一般認為 1970s 之前若干重要研究傳統無法提供對閱聽人的
了解，例如新馬克思主義認為媒體產業強化支配關係或涵化虛假
意識，但未能說明這個過程如何發生於微觀層次，或為何此過程
有時並未如預測般出現。結構主義的記號學也未能說明文本的哪
些層面和讀者產生關聯。另外，精神分析的電影研究或電視研究
亦往往忽略了觀眾的施為力（agency）。由於上述問題，因此隨
著菁英式的批判觀點受到質疑後，研究路線開始轉向視閱聽人具
有文化生產力。

接收分析雖然研究閱聽人的詮釋、解碼、解讀、意義產製、
感知及理解，不過通常這類研究關注於文本和閱聽人之間的接
觸，而並非使用媒介及文本的脈絡。接收研究的社會學基礎在於
強調閱聽人處於社會結構中的特定位置，特別是性別、種族、階
級、教育程度、與性取向等，因為它們反映出資源、機會、與政
治權力的社會分佈情形，也會影響閱聽人對媒介的選擇與詮釋。

許多接收分析總會留意於意識形態，因為他們相信一些政治性的意義存在於文本內，而閱聽人則可能接受、協商、或反對這些意義（Hall, 1980）。固然接收分析揭顯了閱聽人如何解讀文本，但較少觸及相關的文化環境、社會實踐、或人們如何學會成為閱聽人。

3.社群閱聽人：

　　多義性的概念開啟了文本具有多種意義的可能性，文本之所以是多義的，乃因文本的意義會隨著脈絡與使用者而發展（Fiske, 1996），這個概念可作為一種策略來說明文本何以變成詮釋競爭的場所，在此，不同的閱聽人社群將產生不同的理解結果。

　　費雪（Stanley Fish）認為讀者會依自己所屬社群而對文本進行主觀詮釋，詮釋社群此一概念試圖在閱聽人的經驗中安置文本的意義，強調讀者或觀眾共享某些用來詮釋與使用特定文類或文本的策略。這些策略源自一個相同的社會化集體，雖然這種社群並無須植基於共同地理範圍，它們實際上可能是分散的，但這種社群逐漸發展出一套核心策略，成員們能藉此產製意義並可用於彼此互動上。

　　一些閱聽人研究從次文化團體（例如 Jenkins, 1992）或特殊文類的讀者（例如 Radway, 1984）來找出詮釋社群，不過林洛夫及一些人認為這種社群應會橫跨社會結構的許多不同部分，就此而言，詮釋社群可能是多重的、重疊的、與衝突的。甚至，一個詮釋社群可能並非一個穩定實體，而是一系列的、即興的、與動態的人際互動，然而它們確實創造出意義。

4.公共閱聽人（the public audience）：

　　隨著移動式媒介的發展（例如隨身聽、手機、筆記型電腦）、以及多種媒體廣泛遍及許多地方（例如機艙、運動場、速食餐廳等），人們使用媒介的範圍遠超過家庭及戶內，並發展出變化多端的接收習慣。這些區域與機構不僅為人們提供媒介資源，它們也經常為閱聽人設計了觀視情境，以強化特定的觀視經驗。因此有些研究便針對公共場所（例如購物中心、醫院、酒吧）中的電視收看情形，探討其中的觀看及交談的形式與禮儀；或者探討電視內容（例如角色、對白、情節）如何被挪用於日常生活的人際交談進而產生何種功能。林洛夫與梅爾認為，家庭以外的媒介使用似乎混合著社區生活的形式，因而對記錄媒介實踐之研究工作產生不小挑戰，因為這種研究必須跨越多種情境，了解其中的相關規範以及影響媒介使用的因素。

5.歷史的閱聽人：

　　林洛夫與梅爾引用簡森（Klaus Bruhn Jensen）的觀點指出，相較於傳播過程的其他層面較能夠依據歷史資料（例如立法文件、媒體組織的記錄、與媒介內容檔案）去檢視；但閱聽人的接收活動和相關經驗則難以存留成為歷史記錄，大部分只能透過研究者藉著研究設計而予以重建。固然閱聽率或閱聽眾的相關數據可以保留下來，但對媒介及其文本的接收經驗則往往很快消失。因此新的挑戰便是如何運用更豐富多樣的方法去發現過去的閱聽人活動，並保留未來的閱聽人經驗。

　　以上五種閱聽人概念多屬於前述安德森（James A. Anderson）分類中的情境的閱聽人，成為閱聽人質性研究的主要探討方向。

林洛夫與梅爾指出其中三項重點，第一，強調社會行動與日常生活，探討媒介內容被選擇與注意、被賦予意義、並作為日常活動的參考點，進而對社會關係及社會世界產生意義。第二，強調過程，這其中具有三種涵意，其一，指行動綿延一段時間，在此期間，自我將經驗到某種變化。其二，指行動具有非決定性，過程的方向總是不確定。其三，以舒茲（Alfred Schutz）的理論來說，只有在行動結束後，才能了解其意義，此係指唯有在它能被理解成一個行為事實或一段經驗後，方能了解一個行動的意義（Schutz, 1967）。第三，強調反身性，認為研究者與研究對象在自己的假定、個人的與社會的歸因、以及文化能力等方面的交互作用，將形成持續修改的一套問題，促使研究朝向更正確的了解過程（Lindlof & Meyer, 1998: 243-249）。

我們可以說，這種觀點建基於一種認識，即媒體和日常生活的密切關係，誠如已有學者指出，科技產物不應被視為個別及獨立的實體，相反的，科技、知識、與文化等彼此聯繫及相互影響而構成複合體，對此可稱之為「社會科技的裝配組合」（sociotechnical assemblages），這裡的裝配組合在於強調各種異質片斷所形成的集合（Michael, 2006: 5, 78）。同理，媒介亦在社會空間中和許多情境及活動相互錯雜而交織在一起，將一些原本看似無關甚或對立的元素串連成某種猶如裝置藝術般的集結物，也可認為媒介扮演一個重要角色，使身體、認同、社會、公民、時空等被接合在一起。這些現象反映出閱聽人不再只是孤立面對媒介的個體，也不僅止於接觸及使用媒介的特定時間。人們和媒介的關係其實延展及滲透於更廣泛與多樣的脈絡，它們呈現出所謂「閱聽人」的多層次及複雜的內涵。

第三節　閱聽人的變化及概念論述

　　不可否認地，由於傳播媒介的多樣及普及，閱聽人的角色變得愈來愈難掌握，因為閱聽人使用媒介的過程常錯雜於許多其他活動內，使得媒介使用及媒介經驗牽連且混合著其他元素，單獨探討閱聽人與媒介的關係將會背離實際的情形，也失去可較充分了解閱聽人的多種參照。

　　許多人關切隨著傳媒及社會的變遷，閱聽人將會出現新變化，也影響閱聽人概念的發展，它們有些源自預期或實際發展，大致而言，閱聽人的輪廓及性質被認為可能出現異於傳統的現象，綜觀閱聽人的變化可包含幾個面向（Sayre & King, 2003: 62-64; Lupton, 2006; Michael, 2006）：

1. 傳播者與接收者的界線模糊，造成這種現象的主要原因之一在於科技，另外全球化與市場力量也有重要影響。無數閱聽人現在已是科技的消費者（訊息的接收者及產製者），網際網路使公共傳播變得益形個人化，同時一些原屬於私人的溝通也變得愈來愈公開。

2. 隨著傳播的供給面成長，閱聽人的選擇及使用機會亦跟著增加，因而也朝向區隔化與零散化，同時也出現跨越階級、性別、年齡層的消費，代之以品味及生活型態為基礎而發展出更為分化的媒介消費。

3. 閱聽人對媒體的忠誠度日益淡薄，在高度競爭的媒體市場中，傳播媒體也更難掌握大規模的民眾。另一方面，閱聽的力量日益受到承認及重視，但由於區隔化與零散化，所以也限制了閱聽人力量的運用和展現。

4. 全球化在某方面促成全球文化的同質化，許多閱聽人接收相同的媒介，例如 CNN、好萊塢電影、西方流行音樂、跨國廣告等，傳播者與接收者之間脈絡的距離，形成新的閱聽經驗。另一方面，同樣拜新科技之賜，一些非西方的、在地的人也能扮演生產者與傳播者的角色。更由於媒體在全球化及世界化中具有重要影響，人們可以透過媒體去想像及建構世界性社群（Rantanen, 2005）。

5. 隨著閱聽人變得更為主動並能夠抗拒影響，以及在使用過程中受到自身所屬特殊社會與文化脈絡之指引，有關媒體互動性的探討也出現更為複雜的結果。另一方面，由於人們對新科技的經驗更為豐富，也發展出更為細膩的經驗層次，例如人們在使用電腦時會聯繫到個人形象及對自我及身體的經驗（Lupton, 2006）、電腦遊戲中反映玩家的經驗模式及生存情境（Malaby, 2007）、以及女性玩家在電玩中的多重愉悅與認同（Taylor, 2003; Hayes, 2007），這些都意味著閱聽人及媒體科技使用者可以在更精緻的探討方式下呈現更多的特殊面貌，因為隨著媒體科技互動性之發展，以及閱聽人經驗與能力成長，科技與使用者之間出現更為複雜的關係。

6. 誠如前述，固然媒體環境及研究觀點有所演變，不過並未造成擴散閱聽人取代簡單閱聽人或大眾閱聽人，而是增加一個新向度。這個新向度讓我們注意到閱聽人花費更多時間去消

費多種媒介、媒介成為日常生活的一部分、同時展演的性質在許多社會實踐中日益明顯，反映出人們愈來愈自戀，媒介使用及其經驗密切聯繫至自我，並在建構認同之過程中具有重要影響。

7. 隨著科技日益進入多種生活領域，科技與日常生活的交溶產生幾種影響，包括科學與社會的分際消失[3]、公民和消費者的界線模糊、情感與理性的混合（Michael, 2006），諸如此類皆挑戰過去約定俗成的分類方式及判斷基準。以此來看媒介社會，亦能發現閱聽人經常處於獲得培力（empowerment）但又面對不確定及風險的矛盾狀態；閱聽人不再被視為公民，在媒體市場力量的影響下更常被置於消費者的位置；人們面對科技消費（包括媒介消費）所形成的情感與理性之間不必然矛盾，「情感」被說明成「理性」，「理性」也植基於「熱情」。

由於上述閱聽人的變化，所以閱聽人的概念及種類亦隨之增加，探討閱聽人時必須考慮到閱聽人以何種性質出現於和媒體、科技、市場、政治、社會、在地／全球的關係內。這也反映閱聽人可以被轉換成多種姿態出現於閱聽人研究中，其端賴閱聽人變化情形獲得何種的注意。

真實閱聽人的多樣性往往遠超過研究論述出現的類別，然而研究論述卻又能影響閱聽實踐，此乃因為論述是由問題、知識、專家見解、施為、社會力量等形成之網絡所構成，論述不只在正

---

[3] 這是指資本主義下的科學日益為政經霸權服務、以及面對高度不確定的風險社會，科學的權威地位日漸式微；再者，在一些社會運動中，運動人士引用科學知識進行抗爭，使他們和專家之間的界線日益模糊，因而呈現科技與日常生活之間的相互滲透（Michael, 2006）。

當化與強化特殊真實，還構成思考與行為方式，包括誘發欲望，
以及是一種以特殊方式去了解自己與對待他人（Blackman &
Walkerdine, 2001: 117）。閱聽人研究論述不僅是說明及分析，還
具有一種實作（performativity）的影響。閱聽人的概念及分類在
描繪閱聽人之餘，亦可能導引著媒介使用及閱聽行動。由於閱聽
人結合了公民及消費者的身分，他們如何在傳播社會中尋找特定
位置並採取行動將成為日益重要的現象，因此閱聽人研究論述有
必要進一步了解此種現象在社會過程中的可能發展及影響。

第三章　閱聽人研究的論述位置

　　本章試圖探討閱聽人研究中的閱聽人概念建構，特別著重這些研究論述涉及的科學論述與倫理論述，所謂科學論述係指研究者在科學觀點下進行的研究活動及其研究結果，屬於學術研究的正統認識；而所謂倫理論述則是指研究者在研究活動中經由價值判斷而指涉研究者與研究對象的關係、研究者對這些關係的認識、以及由此而賦予研究對象某些價值屬性。

第一節　閱聽人科學論述中的論述位置

　　基本上，閱聽人研究大多包含科學論述及倫理論述，相較於前者，後者有時並非明顯地呈現，或者有時研究者並未清楚地自覺，這些論述反映出研究者選取的相對位置，成為特定論述得以發展的基礎。

一、科學社群與論述位置

　　在討論閱聽人時，我們無疑面對一種情形，也就是必須能在心中想像這個我們想要認識的對象，布迪厄（Pierre Bourdieu）指

出，知識分子在討論人民或民眾時所採取的立場、形式、與內容，
和知識分子在文化生產領域中的特殊利益及其所佔的地位有關
（Bourdieu, 1994: 150-151）。這個觀點可提醒人們注意研究者及
其研究對象的關係。

　　人文及社會科學研究領域中，研究者及其研究對象的關係往
往是一個複雜的問題。研究者說明其他文化領域時，這些說明內
通常包含幾項內容：特定領域的行動者正面對某種情境、這些行
動者擁有某些目標、以及這些行動者採取某些行動方式。這些內
容構成一種說明架構，而此種說明架構事實上是一種推論架構，
但這種推論架構在說明其他文化時未必適用，因為研究者往往只
是在說明中將自己的理解形式投射在研究對象上，因而可能出現
研究者及其研究對象（行動者）之間的距離與分歧（Martin,
1991）。換言之，研究者可能將自己的解釋強加於研究對象身上
而形成一種優勢說明，甚至出現文化論述中常見的一種情形，即
詮釋者往往建立特殊的詮釋標準，創造出詮釋的必要條件，因而
壯大某些人建構真實的能力（Kahn, 1995）。

　　如果將科學視為一種觀看世界與討論世界的方式，也就是都
屬於一種可能性，則科學與非科學的劃分就並非那麼明確，科學
語言可以代表日常語言的一種延伸，且其中任何一方的變化，都
會導致另一方的重新詮釋（Phillips, 1977: 172-198）。從這個角度
來了解科學知識應有助於進一步認識閱聽人研究論述。閱聽人的
分析研究是對閱聽人及其相關現象的一種了解，特別是閱聽人的
媒介使用及經驗發生於日常生活內，後者屬於前科學的領域，所
以閱聽人研究便是對這種前科學領域進行一種具有科學性質的
認識。

　　拉許（Scott Lash）提到專家知識原本是要修補或復原一些破損或瓦解的現象，以便使人們重新獲得共享的意義與實踐，進而重建文化社群；然而專家知識或一般視為正當的論述，卻也會長期地與慢性地干預社群，反而使原本具有共享意義與實踐的社群愈來愈邊緣化（Lash, 1994）。因而從一個生活之現實需求的角度來看，專家知識與科學知識係由於人們愈能自省生活而持續增加，然而這種知識也同時影響生活過程，甚而影響生活原本企求的方向，換言之，科學論述是社會反身的（reflexive）結果，但是這種結果卻又使社會益覺反身的不足與必要，因而促成社會進一步反身，所以科學論述又成為社會反身的原因。

　　如果研究者不認為自己的科學論述是一種獨白，則它必然屬於某種對話情境的結果，從一般的角度來看，每一個對話自然有其條件與社會後果（Myerson, 1994），如果從後設溝通的觀點來看，則每一次個別的對話都已隱然地重新界定對話參與者彼此之間的關係，這些關係的定義源自重複的互動，而一旦關係定義形成後，便對以後的互動具有詮釋功能（Wilmot, 1980）。在此過程中，對話參與者必須選擇自己的發言位置，以便試圖界定參與者雙方的關係。

　　在科學論述中，研究者同樣透過知識建構過程而從事一種自我定位的工作。表面上來看，這種自我定位只是讓自己歸屬於某些特定的理論典範與研究取徑，由於這些典範及取徑是由一些特殊考量所構成，所以研究者必須將自己聯繫到這些考量上，當研究者進行研究工作時，必須有所選擇，不能再自視為超然與價值中立，必須做成判斷並有所抉擇。所謂科學知識與科學社群的反身性，其中一部分就是要檢視這個決定過程。

　　隨著知識社會學的進一步發展,科學論述本身的文化形式已成為一個探討焦點,科學知識的構成過程及其構成形式皆有待從後設理論的層次加以了解(Weinstein & Weinstein, 1992),在這種認識前提下,科學知識被視為一種文化活動的成果,研究者不只是科學知識的生產者,也是文化建構者,也就是研究者建構的科學知識其實充滿文化價值(Gergen, 1992)。由於對科學知識的這種認識,人們不再以過去的標準與預期來看待研究過程與研究者,也有人以為要求研究者藉由制式的研究程序,對一些社會文化現象提出標準化的觀察與說明,已成為不符實際也沒有必要的做法(Wallace, 1992)[4],科學論述只是眾多論述的其中之一而已,反而其他論述所涉及的社會文化因素,如今也被拿來說明科學論述。從後現代思想的角度來看,這是認識論的改變,這種後現代認識論下的知識可以形成相對主義的見解,然而也可透過知識的實用性檢證而成為肯定的知識型態(Polkinghorne, 1992)[5]。知識

---

[4]　華拉斯(Walter L. Wallace)認為概念的標準化之所以不可行,原因有三,第一,社會現象愈來愈複雜,且日益出現高度的隱晦性與變化性,因而已無標準方式可用來對這些現象進行分類;其次,社會學者們的思考過於個人主義,兼之自負心理相當普遍,因而難以發展出關於標準化的共識;再者,社會學的概念相當倚賴於它們出現的理論脈絡,這也使得標準化的可行性不大。華拉斯提醒若果真想致力於標準化,則應注意三點事宜,其一,最好從整體學科在概念使用上的優點來思考;其二,必須記住標準化永遠只是暫時性的;其三,並無所謂充分而完備的標準化方式。整體而言,概念的標準化只有權宜性,而無絕對性,因而所謂標準化便不存在必要性,甚至還可能有負面影響(Wallace, 1992: 53-68)。

[5]　一般而言,後現代主義對現代主義失去信心的情形大概有兩種,其一,徹底拒絕知識,並高喊分歧多樣與短暫無常;其二,雖然批判現代主義,但仍願意在沒有現代主義式之確定性的假定下,繼續尋求瞭解。波金宏(Donald E. Polkinghorne)便基於第二種情形而提出後現代的認識論,他認為後現代認識論包含四個基本主題:無根性、片斷性、建構主義、新實用主義。後現代主義依據包含這些主題的情形而可再分成相對主義的後現代主義以及肯定的後

出現相當濃厚的實踐性質已漸成共識，因而人們面對科學論述時必須同時考慮其文化價值與實踐意義，而這些價值與意義並非內存於科學領域內而已，它們是整體生活社群的共同建構結果。

二、閱聽人概念的科學論述位置

科學知識的發展漸由唯實主義走向相對主義（Woolgar & Ashmore, 1988; Woolgar, 1988），並呈現一種持續的反身過程，這代表研究社群愈來愈能對自己的研究活動採取一種距離式的觀照；另外由於反身性並非科學社群所獨有，而是現代社會的一種特性，社會反身的影響之一便是促成科學論述被需求的程度提高，而科學論述的密集成長又往往造成社會進一步的反身（Lash, 1994）。因此，研究社群必須面對一些問題，包括如何界說研究活動，以及如何解釋研究活動中所做的選擇，通常多數研究者只能追求部分目標，所以選擇是很重要的過程。

第二章已說明目前閱聽人研究論述的主要範圍，它們的觀察領域大致包含閱聽人的個人層面或群體層面，以及主觀或客觀層面。研究者為了觀察這些對象，分別選取適當之量的或質的研究方法是研究者必備的判斷能力。這些方法除了是不同的蒐集資料方法與解釋方式外，它們源自不同的方法學基礎，各有不同的認識論與存有論假定，成為研究者選擇研究方法時，必須接受或暫時接受的假定。

現代主義，前者只包含基本主題的前三項，而後者則還包括第四項。新實用主義的重點在強調知識的考驗係基於能否完成任務，以及能否成功指引人類行為達成預期目的等實際效用，這種觀點又稱為實踐的認識論（Polkinghorne, 1992: 146-165）。

　　就研究目的而言，不管研究者擁有如何獨特的研究目的，他們皆須經由各種觀察過程而達成目的，因此一般而言，研究者在研究活動中主要扮演一種「觀察者」的角色，亦即閱聽人研究者是以觀察特定閱聽人為主旨，研究者是觀察者，閱聽人是被觀察者，雖然觀察重點及觀察方法種類繁多，目前主要的進行方向可大分為三種，其一，進行測量：旨在描述閱聽人的行為頻率；其二，進行分析：旨在說明閱聽人的行為與經驗；其三，獲得詮釋性了解：旨在了解閱聽人的經驗與行為。雖然三者未必互斥，研究者也常在這三者之間移動，但研究者的觀察活動泰半依各自研究目的而有所偏重。

　　強調測量閱聽人的研究往往致力於精確呈現閱聽人的各項相關行為；強調分析閱聽人的研究則多試圖找出閱聽人行為之間以及與其他因素之間的因果關係；至於著重了解閱聽人的研究則常藉由詮釋而了解與分享閱聽人的經驗。這三種觀察方向對應於研究者的觀察類型，可分別稱為「測量者」、「分析者」、與「詮釋者」。「測量者」想要盡量去發現及測度閱聽人，「分析者」努力地去分析與說明閱聽人，對這些研究者而言，閱聽人是客體，屬於有待觀察與分析的對象；「詮釋者」由於強調詮釋性了解的重要性，因而必須趨近閱聽人的生活與經驗，以便獲得所謂的參與性知識（Shotter, 1992, 1993b），研究者唯有藉由長時間與深入的互動方能詮釋閱聽人的經驗。

　　由於三種觀察者各有不同的注意焦點，自然對閱聽人產生不同的看法，例如「測量者」為求盡量完美地達成其測量目的，必須力圖確保其研究工具能發揮最大功效，也就是必須盡力去控制其研究工具與研究對象，其結果必然傾向將閱聽人設定為一種可

客觀與精確測量的狀態，即閱聽人傾向成為靜態與被動的客體，以便於研究者能對某些明確的客觀行為進行精準的觀測，如此一來，閱聽人自然成為被製造的抽象產品。「分析者」也強調精確掌握閱聽人，也可能產生「測量者」促成的閱聽人狀態，不過「分析者」可能更重視解析與說明一些複雜的因果關係，因而無法完全將閱聽人視為靜態或被動的客體；然而此種情形可能有限，因為許多「分析者」傾向採取切割式的分析與說明，所以結果與「測量者」有某程度的相似。一般而言，「詮釋者」對「測量者」與「分析者」的觀察目的並不完全排斥，但可能質疑前二者無法呈現閱聽人的真實狀態，「詮釋者」傾向認為了解閱聽人的主觀經驗才是重要的研究目標，強調閱聽人是動態的與主動的真實個體，因而在觀察過程中必須盡量保留與凸顯閱聽人的這些特性。

　　以上三種觀察者是指研究者在研究中可能採取的論述位置，因此可將之視為類似「理想型」（ideal types），代表由於不同論述位置而展現的典型特性。多數時候，不少閱聽人研究涵蓋三者，只是比重各有不同，另一方面，三者之間也有某些重疊，研究者在論述位置上的差異，主要是程度之別。

　　不同類型的研究者會面對不同性質的閱聽人，其中有些並非研究者原先預期的結果，但從研究者啟動研究活動的角度來看，特定閱聽人的類別及所出現的性質多屬研究者催生而成，研究者可能預先知曉自己選擇的觀察方向及探討方式可能產生的結果，也可能只是依循既有程序，在約定俗成的研究方式中重複執行特定探討工作。

　　這裡涉及如何看待科學研究中的反身性問題，論者以為再現與真實之間具有密切的互賴關係，前者係經由對後者的認識而達

成，對後者的認識亦是經由對前者的認識而形成，也就是再現與
現實之間是一種往返來回的過程，二者之間並無明顯區別，而是
相互連接在一起（Woolgar, 1988）。因此，可認為研究分析有如
一種構成過程，研究者的語言與行動不只是回應既有的真實，而
且還促成真實的構成，因此研究者對其環境的認識與描述會影響環
境而成為現實環境的一個構成特性。因此有必要探討研究者用來描
述真實的基本假定、論述、實踐、及其忽略的部分（Pollner, 1991）。

　　如果從研究者對研究之建構性的敏感度來判斷反身性程度，
則似乎「詮釋者」比其他二者來得更為明顯，也更須對研究者與
研究活動本身進行徹底地拆解與剖析其構成性質。這些差異使研
究者對自己的觀察方式與結果出現不同評價，「測量者」與「分
析者」較傾向標榜精確性與科學性；而「詮釋者」則強調真實性
（authenticity）與互為主體性，前二者追求客觀的與持久的知識，
但「詮釋者」要求彰顯主觀經驗與獨特意義。

　　由於研究者們意向不同，在確定研究方向之際便已將自己定
位於特定的論述位置上，他們面對閱聽人時也各自出現不同的「要
求」。誠如前述，研究者的選擇空間經常被預先決定，因此研究
者的論述位置是一種有限的選擇。在研究者的認識過程中，這些
論述位置成為求索知識的資源，使其有能力要求閱聽人以某種姿
態現身，因此閱聽人其實是研究者藉其論述位置所賦予之認識意
向與認識能力而形成的。三種論述位置在不同的論述資源下皆可
各自為「觀察者」創構出獨特的真實，並對應於「觀察者」不同
的觀察目的與觀察方式，因而研究者對閱聽人的觀察結果是一種
建構，「測量者」的閱聽人係因應「測量者」的觀察要求而以特
定方式來提供答案，「分析者」與「詮釋者」亦皆如此，研究者

在閱聽人研究社群中選取了特定論述位置，就多半預定了可能獲得的結果或答案，也或者研究者基於想要獲得某種結果而選擇特定的論述位置，這兩種關係可能同時存在。研究者論述位置的定位效果從它們之間的對比關係會出現更清楚的輪廓。

第二節　閱聽人研究中的倫理論述以及道德與政治選擇

多數社會科學研究都有某種形式的價值涉入，它們反映研究者的價值判斷以及所選擇之研究取徑所具有的價值偏倚。閱聽人研究亦不例外，接下來進一步探討閱聽人研究在科學論述中所隱含的倫理意義。

一、學術論述及論述習慣

由於科學知識不再被視為一種純粹對客觀現實進行客觀研究的結果，因此進一步探究科學知識的價值與倫理意涵便成為一項必要工作。事實上，不少人以為當前許多社會問題便是肇因於社會科學在道德課題方面的缺失（Wolfe, 1989），在社會科學的發展過程中，也有更多的人愈來愈傾向將社會科學視為一種道德探究（Bryant, 1990），這些討論呈現一種看法，即對科學知識的認識，若只掌握它們的客觀內容是永遠不夠的，人們必須了解其中涉及的道德與價值內容。換言之，素樸地接受知識的表面內容只是一種片面的認識，因為很可能遺漏這些知識的文化與政治意義

以及其它重要影響，因此人們必須檢視形成科學論述的歷史環境、論述侷限、以及具有支撐或壓抑力量的文化型態等等。

　　科學研究呈現的學術論述亦反映學術社群的論述習慣。布迪厄指出習癖（habitus）既是實踐之基本架構的系統，也是知覺與判斷的系統，習癖在這兩種向度中運作並展現出社會地位，亦即具有地位意識，這種地位意識同時意識到自己及他人的地位。所以習癖是構成社會區隔的一個重要因素，讓人們得以發現自己的社會空間，不過這個空間並非個別行動者的產物，它涉及一些歷史與社會的過程，因而個人的行為並非只代表他自己，而同時是一種集體歷史在個人身上的展現（Bourdieu, 1994:131-133）。

　　學術研究者的個人習慣常源自科學社群在其結構位置上所發展出來的習癖，它們是社會空間內的位置及其中居住者活動的產物。社會空間在此呈現出多向度的社會秩序，此處的主要軸線包括經濟資本、文化資本、教育、階級、與歷史軌跡等。這裡涉及的物質的、象徵的、與歷史的對象，皆非各自獨立的範疇，而是具有互動性質的權力軸線，它們藉著集體運作而組織成一個巨觀的社會秩序，其中包含著不同位置與不同時代之居住者的活動，進而展現出特有的文化品味、思考方式、與氣質傾向。費斯克（John Fiske）以為如果引用此概念來看科學社群，則多數學者生活於這個社會空間中的相同領域，他們多具有高教育、高階級、與高文化，這種地位孕育的習癖決定了他們對通則化與抽象事物的思考習慣（Fiske, 1992）。研究者的思考習慣經常與一般人之間出現某種距離，這種距離就是一種社會差異與文化差異，如果這種距離與差異出現在研究者的學術論述，便可能形成一種再製的權力關係（Bourdieu, 1994:133-138），學術論述包含象徵資本，擁有

象徵資本便如同握有象徵權力，也就是掌握了製造世界與構成世界的權力。

　　米茲塔（Barbara A. Misztal）強調習癖猶如一種信賴基礎與保護機制，其植基於日常生活的慣例、穩定的聲譽、與記憶，以便應付現代生活中的恐懼、不確定感、及道德問題，也就是構成一種日常生活的可預測性，並促成社會秩序的呈現。她借用布迪厄的習癖概念，但側重於日常互動的習慣，認為習慣有三種組成：社會行為習慣，即例常活動；心理習慣，即視為理所當然的假定；儀式習慣，包括生活中的禮節與儀式性活動。行為習慣促使生活化繁為簡；心理習慣形成相互預期的社會關係；儀式習慣則構築集體記憶，所以習癖這種信賴基礎係透過互動、預期、與回憶三種規則之運作，並藉由習慣、聲譽、與記憶等來支撐集體秩序的穩定性（Misztal, 1996: 102-156）。以此觀之，學術社群在社會空間內的出現與維持，亦具有上述情形。學術工作者通常擁有一些約定俗成的研究程序與評鑑標準，他們對彼此能否依循這些程序與標準會產生某些預期，並出現聲譽高低之差異，同時這些學術研究者會組成一些團體，以提供互動機會、建構歷史記憶、與促成認同等。因而所謂學術論述事實上是指學術社群透過其特有的行為習慣、心理習慣、與儀式習慣而生產的知識系統，所以學術論述除了呈現一些對所謂客觀真實的建構外，還隱然反映出這些建構的形成背景，也就是其特有的習癖，對於此種習癖我們可稱之為學術研究者的論述習慣，它和日常生活習慣一樣都是經由行動者及其環境互動而形成。這裡所指的科學論述並非個別研究者的探討與思考產物，而是學術社群的論述習慣透過個別研究者的

學術活動及研究成果，進而代表性地呈現這些論述習慣的特性，也就是行為習慣、心理習慣、與儀式習慣上的特性。

二、科學論述位置與倫理論述位置

　　學術論述的論述習慣也屬於一種次文化的產物，這些習慣蘊含次文化成員認定的價值，同時這些價值具有管理功能。學術社群一向強調科學程序，以及要求證據與邏輯，這些強調及要求皆反映出對秩序的強烈企求，這點使他們異於常識世界中的一般人位置。前述「測量者」、「分析者」、與「詮釋者」三者在這點上大致相同，但仍有某種差異。

　　就形式與內容而言，「詮釋者」相較之下比「測量者」與「分析者」更強調趨近真實閱聽人的主觀經驗，「詮釋者」必須深入日常論述去進行意義的了解；「測量者」與「分析者」則比「詮釋者」對確定性與秩序具有更大的要求，例如前二者對研究過程、研究工具、與研究對象便展現較高度的控制意圖，「詮釋者」的控制形式雖然較不明顯，不過「詮釋者」有可能在深入閱聽人的主觀經驗時，以另一種形式呈現窺看或監視企圖。三種觀察位置及探討方向都表現出對閱聽人的高度興趣，「測量者」傾向掌握閱聽人行為現況與閱聽情形，他們較感興趣的是閱聽人在做什麼，雖然「測量者」也可能重視閱聽人的行為原因，但是測量工作的重心傾向是前者而非後者；「分析者」欲透視閱聽人相關行為之間或行為內相關因素的作用過程，並借助「科學」工具來進行觀察與分析；「詮釋者」則偏好透過研究者與閱聽人之間的深度互動，並憑藉研究者的敏銳觀察力及感受力來了解閱聽人的經驗歷程。

　　三種觀察者由於各異的認識旨趣而以不同方式來看待閱聽人。對所有閱聽人研究者而言，腦海中想像的閱聽人必然以某種直接或間接方式聯繫於媒介，這種想像的強度在測量者論述位置上更為明顯，由於他們的目標直接指向閱聽人的閱聽行為，也就是使用媒介的具體行為，因而更傾向抽離脈絡而單獨強調閱聽行為本身的重要性，凸顯閱聽人與媒體之間的直接關係。「分析者」多將重心置於相關因素的關聯性及因果關係，將閱聽人的外在行為與內在行為分解成較精密與具體的細小部分以利觀察及操作，閱聽人成為變項及媒介之間的關係。「詮釋者」旨在了解與詮釋閱聽人的經驗與意義過程，強調閱聽人的情境定義，因此媒介成為閱聽人的情境脈絡內的一種組成。

　　換言之，這幾種論述位置各自衍生出對閱聽人的不同觀照方式，並在其中呈現閱聽人與媒介的關係，研究者也由於對這些關係的看法差異，進而建構不同的閱聽人概念，並進一步產生爭論。這些討論所包含的閱聽人概念，不只是研究者想像的閱聽人形象，研究者還在這些想像與建構內隱然設定自身與研究對象的關係。由於任何觀察過程及其結果總是預設了觀察者與觀察對象之間的特定關係，例如客觀超然或主觀涉入，前者經常是「測量者」與「分析者」的基本信條，後者則被「詮釋者」重視以獲得擬情的了解。「測量者」與「分析者」強調以有效的科學工具來探討閱聽人，在此閱聽人主要扮演被測量者、被實驗者、被分析者的角色，常成為具有被動性質的研究對象，研究者和閱聽人的接觸時間與形式皆相當有限，這種情形常見於許多量化研究；另一方面，在閱聽人質性研究中，研究者作為「詮釋者」傾向花較長時間與閱聽人互動，並認為應將閱聽人視同研究的參與者與合作

者,而非被動的研究對象。研究者盡量和閱聽人之間維持平行關係,並傾向從閱聽人的位置上去了解對方的經驗及意義。「測量者」或「分析者」和閱聽人之間泰半存在主客關係,研究者對閱聽人有著更多的計算與剖析;而「詮釋者」與閱聽人之間更著重於參與和分享,質性研究者必須更謹慎於敏感到自身與研究對象之間的權力關係。

三種論述位置上的研究者皆有一個原初目的,即意圖認識閱聽人的行為與經驗,不同論述位置便是由此一原初目的而分殊出去。整體而言,研究者的探討就是要將閱聽人原來可能較為瑣碎零散或隱晦不明的閱聽行為與經驗予以系統呈現,並確定這些結果的意義。或以另一種說法來看,研究之所以有進行的必要,係因為研究對象必須以某種方式被介入,以彰顯原本無法被了解的若干現象,這其中意味著研究對象本身的相對非系統性與無組織性,即在日常情境內,研究對象本身無法個別而獨立地呈現有意義的形象,它們唯有進入研究情境、並透過研究者的眼睛,才可能表現出系統性與組織性的面貌。以此而言,研究者成為能夠使模糊的研究對象變成有意義之研究結果的仲介者,於是,研究者的觀察角色及其仲介角色合而為一,唯有成功與有意義的仲介角色方能達成其原初的觀察目的。然而更進一步來看,研究者的仲介角色意味著研究對象委由研究者透過研究過程而替研究對象表達出他們的「真實情形」,研究者若想要替研究對象完成較有效的表達,就必須先完成較有效的觀察。綜合來看,閱聽人研究者的觀察行為包含兩部分的工作,其一,在特定目的的引導下,盡可能認識閱聽人的各種相關活動;其二,將前者的認識結果予以清楚呈現,即再現閱聽人的真實。前一部分如同「偵查者」,第

二部分猶如「代言人」。換言之，閱聽人研究者在研究活動中，可以擁有另兩種身份，其中「偵查者」必須縝密地去觀測閱聽人，而「代言人」則將閱聽人的特定現象予以再現。此處可將此二者視為兩種論述位置的類型。

　　相同行為的背後可能有不同的動機與目的，蒐集資料是一種行為，它可以是達成不同目的之手段。一方面，蒐集資訊是為了滿足人們對認識與了解的需求，這種認識以及由此發展而成的知識本身就是目的；然而資訊與知識也可以成為權力的工具。在資訊高度成長、社會控制愈來愈仰賴資訊的時代，必須進行大量搜尋及貯存資訊的工作，也經常透過許多專業部門來掌握資訊，因此自然促成各種專業之資訊供給者的出現。對後者而言，蒐集資訊旨在供應給其他人，並以此交換某些利益，他們和從事社會控制的機構同樣將資訊視為手段。以此而言，「偵查者」的偵查行為可能是為了控制或交換，前者透過偵查過程取得的資訊來進行有效控制，後者將所偵得的資訊和他人進行交換，讓他人遂行控制目的。當然，也有些是純粹為了認識之目的而進行偵查。第一種情形近似「老大哥」；第二種情形如同「情報販子」；第三種情形則為「科學偵測」。「老大哥」在掌握閱聽人動態之際具有明顯的控制意圖；「情報販子」將所蒐羅的閱聽人相關資訊供應或賣給其他買主；「科學偵測」則以對閱聽人的調查與監看本身做為目的。這三者都屬於「偵查者」衍生之三種論述位置的類型。

　　從某個角度來看，當研究者將所獲得關於研究對象的資料及探究結果予以再現時，便成為一種「代言人」，由於「代言人」的要件之一就是能實際掌握所代表對象的特性，而這種認識源自詳細剖析與深入了解，所以在客觀層面上，「代言人」對於前因

後果及各項細節理應有充分的認識;而另外在主觀層面上,有關研究對象的經驗過程與情境意義也是另一種認識結果。就前者而言,「代言人」是將其精確認識的詳情予以公佈,而後者則呈現深入了解的內容。「代言人」對前者必須能精準判斷,對後者則必須能分享經驗,所以可稱前者為「診斷者」,而稱後者為「分享者」。「診斷者」猶如醫師般對病人進行診察與研判可能的因果關係,並提出處方。在這種情形下,閱聽人如同病人,必須委由醫師的診斷來確定自己身體狀況,並且唯有醫師的診斷才具有正當性,病人的狀況只能由醫師說明,甚至病人的主訴也必須經由醫師判斷後才能確定其可靠性。以此來看,閱聽人的閱聽行為係通過具「診斷」功能的研究者才能被說明確實的情形。至於「分享者」則旨在分享進而了解閱聽人的經驗與意義,透過敏銳觀察與深入詮釋去了解閱聽人的真實經驗。「分享者」不只藉由分享而認識閱聽人,也必須能將這些認識予以清楚與完整呈現。這種情形多少意味著閱聽人的經驗過程藉由具「分享」與「詮釋」能力之研究者的觀察、詮釋或解讀後,才能更清楚地呈現,所以這種「分享者」亦屬於一種「代言人」。

　　綜合以上所述,從事閱聽人研究活動的「觀察者」,有可能成為「偵查者」或「代言人」,而「偵查者」又可能出現「老大哥」、「情報販子」、或「科學偵測」三種情形;至於「代言人」也可能出現「診斷者」或「分享者」兩種形式,這些皆屬論述位置的類型,它們可視為理想型,而非指個別具體的研究者或研究結果,同時這些類型彼此之間並不互斥,亦即學術論述可同時包含幾種類型。這些論述位置的類型可統歸為倫理論述,屬於科學

論述中隱含研究者與研究對象之間的相對關係，它們和科學論述之間存在某種相關性。

　　一般來說，閱聽人研究者從「觀察者」的基本角度出發，各依不同研究旨趣而進入「測量者」、「分析者」、或「詮釋者」三種論述位置。若純粹就科學研究而言，此係研究者關懷重點的差異，研究者與閱聽人之間的關係屬於進行這些研究活動必要的關係形式；但另一方面，研究者既須詳細檢視閱聽人，又必須把這些研究結果呈現出來，使研究者與閱聽人的關係不只是停留於單純的研究者與研究對象的關係。對閱聽人而言，研究者既一方面對他們進行觀測，另一方面又成為他們的代言人。閱聽人研究者的研究結果除服務於學術目的外，亦有可能被對這些結果有興趣的其他人挪用，尤其是在閱聽人相關資訊愈來愈具重要性的當前社會，獲取這些閱聽人資料可以做為控制或交易之用。

　　一般而言，為了達成控制或交易之目的所需資料必須具有更大的精確性與實用性，這點似讓「測量者」與「分析者」以及「老大哥」和「情報販子」之間隱伏某種關係。對純粹旨在蒐集資料的「科學偵測」而言，它和「測量者」與「分析者」之間也同樣可能存在對應關係。雖然「測量者」與「分析者」會具有「代言人」的情形，不過「詮釋者」的「代言人」特性未必比「測量者」與「分析者」更弱，「詮釋者」強調了解及分享閱聽人的經驗，著重再現閱聽人的真實及主觀感受。而「分析者」重視因果關係的說明，亦強調客觀與精確地呈現閱聽人，他們皆能進入「代言人」的位置，並可能進一步走入「診斷者」或「分享者」的位置。即使是「詮釋者」若具有偵查意圖，便同樣可能進入「老大哥」、「情報販子」、或「科學偵測」的論述位置。

　　以上提出閱聽人研究中所包含的科學論述與倫理論述，大致涵蓋研究社群與閱聽群體之間的關係，這些論述位置屬於研究社群內不同觀視位置，它們不僅反映研究者與閱聽人之間的關係，也代表研究社群和民眾的社會關係。如果研究社群內存在數種論述位置，應意味著研究者能夠有所選擇，這些選擇應不僅止於研究方法與觀察方式的選擇，而且還是一種道德／政治的選擇，同時也含有某種道德／政治的承擔。

第三節　論述位置與權力關係

　　閱聽人研究包含科學論述及倫理論述，並各自具有若干不同的論述位置，以下進一步探討研究者選擇這些論述位置時所涉及的道德／政治意涵。

一、閱聽經驗之學術性建構

　　閱聽人概念的發展及轉變，部分係由於傳播變遷而導致必須不斷重新檢視閱聽行為及其意義，因為傳播變遷下的媒介消費已成為社會生活的重要組成之一，閱聽現象成為社會關注的焦點，其中又由於傳播科技的演變而使人們關切這些科技對傳播形式與性質的影響。波斯特（Mark Poster, 1995）認為由於新科技的發展，目前的理論探討應有別於傳統的傳播理論，他藉由討論哈伯瑪斯（Jürgen Habermas）的「理想的言說情境」，以及布希亞（Jean Baudrillard）的「象徵交換」觀念而檢視當前媒介環境朝向資訊高

速公路與虛擬實境的現象，並認為此發展過程的特性便是以資訊模式取代以往的生產模式。不過波斯特認為哈伯瑪斯與布希亞皆以有限觀點來看傳播環境，而並非從多方面與不同角度來說明傳播環境的真實情形，特別是他們未能深入了解傳播科技的性質。事實上，哈伯瑪斯與布希亞的哲學觀點迥異，一般認為哈伯瑪斯旨在堅持與捍衛現代主義的理性，而布希亞則是在後現代主義對理性的質疑下探討擬像文化，哈伯瑪斯的認知取向和布希亞的美學取向將社會經驗拉扯到不同方向的兩極，這些論述分歧造成的結果之一，便是對藉由傳播媒介而型塑社會經驗的閱聽人出現不同看法。

　　如果說布希亞旨在將象徵從邏輯與道德中解放出來，使其獲得一種自由遊戲的空間（Levin, 1996），則閱聽人被吸納到影像中是否意味著另一種可能性便是重要問題，不過這個問題須從更大的全球架構來看。全球媒介的發展歷經三個階段，從一開始認為傳播媒介有助於第三世界的現代化與發展，到譴責全球媒介其實是由西方媒介支配而造成全球新聞、資訊、與娛樂訊息的不平衡交換，再進入到全球化和全球文化的階段，探討各種新式組織、科技、與閱聽人面對環境變遷的因應及抗拒過程。由於全球化是一個具爭議性的概念，不管是從跨國組織形式成為全球運作的基礎、跨國公司利益導向的意識型態、或對社會文化變遷的影響，均充滿經濟決定論的論調，因而抗拒全球文化便成為另一個必然伴隨的課題。非西方地區的媒介雖然輸入西方文化價值，但這些價值卻也包含一些性別、種族、階級等刺激，它們影響了本土意識之發展，並且非西方地區的政府對國內及國際市場的企圖心亦影響媒介產銷過程，使得閱聽人的文化認同成為一個很複雜的現

象（Richards & French, 1996）。全球化問題並非傳播帝國主義的
舊調重彈，在所謂後現代之全球—本土的複雜關係中，媒介文化
與閱聽人經驗被進一步深化與複雜化。

　　莫里（David Morley）與羅賓斯（Kevin Robins）認為後現
代的特性就是社會經驗的媒介化與全球化(Morley & Robins,
1995)，媒介化的經驗往往被認為和布希亞的觀點有關，但其實美
國社會心理學家荷頓（Donald Horton）與沃爾（R. Richard Wohl）
早在一九五〇年代就已提出人們的社會經驗愈來愈受到擬社會互
動（para-social interaction）的影響，所以應是這兩位學者而非布
希亞最早提出「擬像」的概念；另外，全球化也往往被視為和麥
克魯漢（Marshall McLuhan）所指的「地球村」有關，不過這個
地球村事實上是美國村，所以全球化必須從美國文化帝國主義的
長久歷史來看才能了解。換言之，社會經驗如今已漸變成媒介經
驗與全球經驗，閱聽消費的全球架構與本土回應成為社會行動者
建構認同的主要來源。

　　如果閱聽人畢竟也是一種消費者，則閱聽消費的消費特性及
其社會文化意義便成為應注意的對象，因為在消費主義時代，人
們的個人認同是經由別人創造的一些事物建構而來。消費的主要
模式係植基於一種個人化的自我意識（而且是一種不斷要求達成
完美自我的意識）與自由選擇的觀念，然而這種個人自由選擇的
觀念其實是一種錯覺，首先，所謂的自由選擇往往是某些人刻意
為其他人建構的，其次，當有些人在被建構而成的自由下，自認
擁有選擇自由與行動自由時，便容易以為那些無力消費的人多屬
意志薄弱與未能運用自由的人，進而將他們排除於自由領域外，
換言之，某些人在擁有自由的商品消費之餘，亦同時伴隨著宰制

其他人（Tomlinson, 1990），這裡看到的現象是，消費主義對消費者與非消費者各予以不同的建構與控制，而其中的關鍵便是透過風格的影響。風格被用來創造商品形象，旨在促成人們去相信與模仿。風格在現代消費社會中扮演重要角色，包括被用來界定自我、作為了解社會的一種方式、以及成為一種基本的資訊形式。由於自我與社會已藉由「風格化的再現」合而為一，從此個體只有在消費中才能認識自己，個體取得資訊之際其實便是獲取風格，風格就是資訊（Ewen, 1990）。從這個角度來看，不難發現消費社會中媒介消費的對象（包括資訊、娛樂、或廣告）皆已透過風格化的機轉而對閱聽人進行不同的建構與控制。

　　但從閱聽人的主觀層面來看，這些風格消費與認同，特別是閱聽消費，是否可能具有其他意義，或許還應探討。一般而言，人們總是認為耽溺於傳播媒介多少具有逃避的意味，認真地說，任何一種沈迷都存有某種逃避性質；但事實上，逃避也是一種重要的生活經驗。誠如柯亨（Stanley Cohen）與泰勒（Laurie Taylor）指出，逃避和個體因不滿而產生的三種追求（追求真實的自我、追求真正的意義、追求真正的進步）有關。人們由於不滿而出現的反應大致有兩種，一種是採取烏托邦策略，另一種則採取心靈平靜策略，前者追求一個可讓人們從此無須逃避的理想社會秩序，後者則致力於重整內在心理秩序，使整合的自我與社會能夠和諧相處。但不管採取何種策略，這些逃避的「企圖」皆是透過一種想像方式進而了解現實世界的限制，因而柯亨與泰勒認為媒介既非訊息亦非按摩，而是一個自由領域與逃避管道（Cohen & Taylor, 1992）。換言之，閱聽消費可能是一種逃避行為，如果說消費社會的風格機制總是令人們不滿於自己的現狀，因而被誘引

藉由消費去追求另一個理想的自己,但閱聽人的消費領域所代表的自由與逃避卻又是被建構而成,那麼閱聽人在想像過程中去認識現實社會的侷限又有何種真實性,便成為另一個值得注意的問題。但這個問題涉及如何從閱聽人角度去了解閱聽經驗,也因此涉及學術論述與日常論述的差距問題,也就是學術論述與日常論述如何看待閱聽經驗中的自由與限制,以及它們分別看到怎樣的自由與限制。

事實上隨著社會變遷,學術論述的性質亦有所變化,包曼(Zygmunt Bauman, 1987)認為社會變遷中知識分子出現現代與後現代兩種不同特性,採行現代策略之知識分子的主要工作在於提出權威性陳述以對衝突意見進行仲裁,在此過程中,知識分子會選取某些觀點,這些觀點成為正確的與具約束力的論述,知識分子的權威源自優越的客觀知識而獲得正當性。相較於非知識分子而言,前述知識通常都是知識分子較能掌握的知識,獲得這些知識首賴於程序規則,這種規則旨在確保能夠認識真理、形成正確的道德判斷、以及適當的藝術品味。由於這些程序規則被認為具有普遍有效性,因此其應用結果也同樣被視為普遍有效。知識分子運用這些規則而使他們成為掌握關於維持與提升社會秩序之知識的集體擁有者,知識分子自視且被認為須負責規劃程序規則,並負責管控這些規則的被正確使用。從這個角度來看,知識分子及其生產的知識皆不受限於局部的社區傳統,也因這種超越性而使其有權利與責任去支持或否定社會各部分所持的信念。

至於採行後現代策略的知識分子其主要工作旨在形成轉換性的陳述,並且是以社區傳統為基礎而進行這些工作,他們並不指出最好的社會秩序,反而要促成自主參與者之間的溝通,並預防

溝通過程出現意義扭曲。為了達成這些目的，知識分子必須深入他者的知識系統，以便能夠在此從事轉換工作，並致力於維持不同傳統之間的平衡關係。包曼比喻採行現代策略的知識分子如同立法者，而採行後現代策略的知識分子猶如詮釋者，同時，後現代策略的出現並不排斥現代策略（Bauman, 1987）。

以此觀之，學術論述亦可依採行不同策略而區分成兩種，具有立法者色彩的學術論述可稱為權威性論述，而採行後現代策略的則為詮釋性論述。權威性論述是一般認為的客觀科學知識，這種知識的超越性與權威性對個別及特殊情境難免產生某種壓迫意味。至於詮釋性論述則是以促成溝通與了解為職志，它們必須能夠進入他者，甚至有時會同情或認同他者。由於無法再擁有普遍有效的宣稱，因而產生了關於理性問題的爭議。

哈伯瑪斯認為不管是後現代主義或後結構主義皆背離理性的路線，因為它們喜歡訴求他者，此如同訴求於一種神秘的、非政治的、與不理性的力量，終將以混亂取代理性與真理。雖然哈伯瑪斯也相信後現代主義有助於美學解放，但他認為最終的真正效果絕非如此，因為他以為這種情形會演變成美學式的無政府狀態，讓美學凌駕於認知理性與道德理性，最後使得真理與價值皆變成一種品味而已。換言之，哈伯瑪斯似乎不認為他者具有解放的角色，若果如此，則所謂溝通理性亦可能會排斥他者。然而溝通理性與論述民主是否必然與他者互斥，抑或可從後者獲得某種補充，皆有待進一步思考（Coole, 1996）。

事實上他者的倫理以及後現代的美學解放之間關係並不單純，強調特殊主義雖然代表一種對普遍主義的反彈，然而特殊主義本身卻也可能有另一種壓制含意（Eagleton, 1990）；不管如何，

如果溝通理性有排斥他者之嫌，則難免使哈伯瑪斯的公共領域觀念受到質疑。達爾袞（Peter Dahlgren）指出哈伯瑪斯的公共領域觀念有三個問題，第一，以布爾喬亞的公共領域為模式，其中的階級偏倚雖已被注意，卻未能覺察到其中的父權性格；第二，並未討論另類的、庶民的、流行的、或對立的公共領域；第三，僅指出人們藉由對話而達成一種政治見解，但對此過程的說明卻相當抽象與形式化，未觸及一些複雜與衝突的意義產生過程，也未注意到具體的社會情境與文化資源（Dahlgren, 1991）。總之，哈伯瑪斯的公共領域觀念可能並非十分對應於當前的媒介社會，因為現今的傳播媒體已成為型塑公眾的一種促動力，同時源自娛樂與閱聽人的論述已和公共領域混在一起。這裡的重點在於，如果公眾的形成係源自公民的論述互動，則閱聽人應被視為公眾形成過程中的一個階段。

雖然哈伯瑪斯強調溝通理性以及力圖擴大其範圍，他的目的在挽救日常生活世界遭受殖民化的情形，但若溝通理性隱含拒斥他者，卻有可能使其努力遇到障礙，因為他所強調理性的普遍有效性宣稱已使之成為一種權威性論述，後者並無意進入他者的世界，在這種情況下，生活世界依然猶如異域。而更重要的是，媒介世界卻深植於這個領域，那些被期待的公民便是蛻變自生活於其中的閱聽人，因而閱聽人論述本身存在很大的探討空間。

現代科技文化的特性之一便是造成文化產製者與閱聽人之間的不確定性關係，而文化生產者對此種不確定性的反應之一就是將某種閱聽人的概念予以內化，此種內化過程包含一種預期閱聽人具備特殊能力與傾向，雖然這種內化過程未必成功，因為閱聽人會以不同方式來使用文化產品，但這種內化過程仍是一個重要

的社會文化機制。文化再製過程會由此而扣連到社會再製過程，因為對閱聽人概念的內化係植基於某種閱聽人的概念與收訊活動，因而直接影響特定文化形式的發展，並間接影響特定社會團體的形構、認同、與影響力等。更確切的說法便是，閱聽人概念的內化過程塑造了文化與社會的再製過程（Lury, 1993）。一般認為閱聽人是由商業組織製造與促動，然而這還只是部分情形，文化工業的生產者與合作者還包括政治與學術等其他機構，因而閱聽人其實是這些再製過程合流的產物。

二、閱聽人論述的社會意義

　　前面的討論旨在強調閱聽人概念之所以重要，是因為這些概念具有社會文化影響，不管是權威性論述或詮釋性論述都可能影響閱聽社會的文化形式。接下來便據此進一步探討閱聽人論述的社會意義。閱聽人論述包含科學論述與倫理論述，並包含不同的論述位置。閱聽人概念其實屬於研究者對閱聽經驗的建構，並源自研究者選擇的特定論述位置，所以，閱聽人概念屬於研究者的論述產物，這些閱聽人研究論述背後存在的是不同論述位置衍生對閱聽人的不同觀照，並指涉研究者與閱聽人的不同關係。這些論述經常程度不等地出現於研究中。

　　不管是科學論述或倫理論述皆涉及研究者與研究對象的特定關係，這種關係事實上也是一種社會距離，其中包含經驗或認識上的差異，對研究者而言，其注意焦點多放在這個距離的彼端，彼端因距離而呈現之差異便成為研究者認識之研究對象的特性，並成為有待探討的問題。從某個角度來看，一種現象之所以成為

「問題」，其中部分乃由於這種現象凸顯出研究者與研究對象之間的距離與差異，並引導出研究者採取特定的觀察角度及方式。

研究者慣常以理論與長距離之角度來看研究對象，誠然這種觀察方式是許多研究的必要方式之一，研究者必須將自己設定於某種觀視位置，以便讓研究對象進入自己的觀察視野，也就是研究者能借用理論與研究工具進行某種概念操作的領域，換言之，研究者藉此距離方能運作其概念操作過程，進而產生分析解釋，這對研究者和研究對象的關係不無隱含意義，那些被觀測與被發現的研究對象因研究者的觀視位置而相對地被置於某種特定的情境中，並因此而產生特定的形貌及屬性。

例如研究者可能藉由強調媒介特性以及閱聽人對媒介的反應形式而對比出閱聽人所佔位置，這其中有某些敘事成分，也是一種診斷過程，研究者發現若干因素之間的關係，提出詳細的分析解釋，最後並預見一些可行的處理。這些探討除了呈現客觀事實，指出閱聽人面對媒介的各種外在及內在行為反應外，也強化媒介及閱聽人之間的相對關係。

研究者除了以測量或分析的方式去探討閱聽人外，還可能以詮釋的方式去認識及理解閱聽人的經驗。在許多質性的閱聽人研究中，研究者須先擱置自己的立場，進入受訪者的經驗世界，次而退出受訪者的世界，並對比自己與受訪者的看法及詮釋，最後產生的結果是研究者的「再詮釋」，既非研究者於「研究」之前的看法，亦非受訪者的原始論述，概括而言，這是試圖融合研究者與受訪者雙方觀點，雖然研究過程強調重視受訪者的經驗，但最終仍由研究者總結研究結論，研究者的立場便愈形鮮明，使得「再詮釋」具有較大特權，雖然這些再詮釋「已加入受訪者的觀

點」，但從事「比較、評估、對照」的人主要仍是研究者，受訪者已無太多置喙空間。雖然開始時研究者盡量趨近受訪者的經驗，但到最後研究者又常在自己與受訪者之間設定距離。

對閱聽人進行訪談研究不免涉及權力關係，研究者常用的解決之道便是試圖建立相互信賴及自然的關係，透過特殊的訪談設計以讓受訪者能充分及自然地表達真正想法，使研究者與研究對象之間能夠出現非正式的日常生活式互動。雖然研究者想引導受訪者表達出自然真實的情形，並視此為具研究價值的資料，但事實上對研究者而言，這些資料又不具自足性，必須有待研究者「再詮釋」後方能呈現其中意義。以此觀之，研究者與受訪者的關係便相當清楚了。

簡言之，研究論述中總是指涉著研究者與研究對象的關係，這些關係亦反映出研究者的論述位置，這些位置或是研究者事先擇定，或者是研究者在研究與論述過程中逐漸及隱然建構而成，它們皆屬研究社群內社會空間的定位，這些位置代表了研究社群中的主要類型，藉此可探討學術論述中有關科學論述與倫理論述的問題。閱聽人的概念往往是經由論述者的內化過程而形成，更由於這些概念具有社會文化意義，因而閱聽人概念既是研究社群的學術論述產物，又和傳播社會之發展關係密切。

科學論述與倫理論述所涵蓋的各種論述位置是研究觀察者依其研究旨趣而產生的不同定位，但他們在了解閱聽人之目的上仍有相當的一致性，只是在這個大方向下各有不同偏重的考量層面，有的致力於精確剖析與偵測閱聽人行為及各種相關因素，包括從呈現閱聽行為的結構性到檢驗心理變項，這些研究者多以「考察者」的姿態出現；除此之外，有的還希望從閱聽行為與經驗的

分析診斷或詮釋分享中獲知影響閱聽過程的可能因素以及主動能力，進而使閱聽人發展出更為積極的態勢，就此而言，這些研究者猶如「援救者」，他們透過診斷後提供處方或發掘閱聽人的解讀能力而使閱聽人脫離被動或受害的處境。

　　不管是「考察者」或「援救者」皆對閱聽人產生不同隱含意義，「考察者」可能是「老大哥」或「情報販子」，它們把閱聽人視同政治與商業控制的工具，即便是「科學偵測」亦可能由於把閱聽人當成客體，透過其中隱含的權力關係而使閱聽人成為被監視的對象；然而「考察者」的檢視與測試結果所提供的訊息亦足以成為閱聽人自我認識的資源之一，雖然這種認識或許仍屬於「考察者」的遙控範圍。至於「援救者」儘管想要善意對待閱聽人，但它們也可能扮演「診斷者」而壓抑閱聽人自我詮釋的可能性與正當性。誠如論者指出，科學研究者對研究對象經常出現「良性的家長制」（benign parentalism），使研究者與研究對象之間呈現不對等的關係（Brown, 1997），縱使是「分享者」也往往由於研究者與研究對象之間經驗分享的「實質不對等」，而使閱聽人依然成為被凝視或窺看的對象，再者，「援救者」多少隱含某種高卑之分意味，閱聽人成為有待治療與改善或被啟發能力的他者；此外，多數研究活動到最後階段，研究者常以「代言人」姿態出現，閱聽人終究未能獨立發聲。

　　綜合上述討論，可認為研究者的論述位置大致形成一種連續帶，一端是「考察者」，另一端是「援救者」，「考察者」對閱聽人所形成的概念意涵可能弱化閱聽人，也可能壯大閱聽人，而「援救者」也同樣對閱聽人具有壯大與弱化的可能性，換言之，閱聽人研究者在分析與探討閱聽人的過程中可能面對這些可能性。

第四章　歷程及變化
──閱聽人經驗的說明架構

　　本章主要借用懷德海的歷程哲學與範疇總綱來思考閱聽人研究中如何處理閱聽人經驗，此中涉及閱聽人概念論述的可能發展方向，本章先探討懷德海範疇總綱對閱聽人經驗所具有的可能參考意義，下一章將據此而進一步討論對閱聽人概念論述與主體論述的可能影響。

第一節　閱聽人研究及歷程觀點

　　此處強調閱聽人經驗是一種持續發展的綿延過程，因此必須採取「歷程」的觀點來思考與探討，歷程觀念對閱聽人研究的價值之一是其更貼近閱聽人的真實經驗，因此值得嘗試發展更詳細的探究方式。

一、閱聽人的經驗「歷程」

　　日常生活中的閱聽人常將使用媒介與工作、娛樂、日常瑣事等組織在一起，進而共同構成閱聽人的日常真實。在這種建構真實的過程中，閱聽人並非單獨行動，而是經常透過和他人的協同

行動（包括合作的、衝突的、妥協的行動等等），才得以發展有
意義的與有效的情境定義。

　　由於這種日常生活中的真實建構經常是一種協同行動的結
果，其中涉及的行動者必須面對與折衝於彼此差異與矛盾的立
場，因而使得集體性的情境定義具有動態的與持續發展的潛能，
此有如一種充斥著不同社會利益交錯的記號使用過程，瓦洛辛諾
夫（V. N. Vološinov）指出：

> ⋯⋯各種不同階級會使用一種相同語言。其結果，日常意
> 識形態記號中有不同取向的聲調（accents）交錯。記號變
> 成一種階級抗爭的場域。這種意識形態記號的社會多重聲
> 調（social multiaccentuality）是一個非常重要層面。絕大部
> 分正是拜此種聲調交錯之賜，一個記號才得以維持其生命
> 力與活力，以及進一步發展的能力。（Vološinov, 1996: 23）

這種情形代表著社群內的人總是參與若干集體建構的過程，儘管
此過程可能並非和諧順暢，而是經常交雜著各種對立或對應形
式，這種現象也同樣出現在閱聽人領域。

　　閱聽人的接觸及使用媒介是一種參與過程，此種過程包括閱
聽人和媒介之間的直接使用關係，但也涵蓋閱聽人將媒介納入工
作、休閒娛樂等其他生活層面的現象，另外還涉及閱聽人透過媒
介而進入其他領域（文本世界、媒介中介的其他世界、虛擬空間
等）的過程及結果，因此，可以將閱聽人視為持續和媒介及周遭
相關領域之間的互動過程，並由此鋪展出若干關係網絡，這些網
絡集結了個體作為閱聽人而具有的實踐及關係形式，進而構成閱

聽人的日常世界。身為閱聽人並非只是維持和媒介的關係，而會
包羅許多生活面向與經驗層次。傳播學者凱瑞（James W. Carey）
曾提到：

> 傳播是社會實踐的一個整體（an ensemble），其中契入了
> （ingress）概念、表達形式、與社會關係。這些實踐構成
> 真實（或者是以另外方式否定、轉變、或只是贊成它）。
> 傳播將人類關係具有的人為形式予以自然化，此係藉由將
> 技術與概念融合於這些人為形式內。實踐中的每個要素協
> 同展現出被預期與被實現的真實概念。（Carey, 1992:86）

這種複雜關係不斷藉由閱聽人的每日生活及相關活動而持續地變
化，實踐中的相關要素動態地結構出真實，由於閱聽人的經驗係
植基於這些關係形式，因此閱聽人的經驗隨著關係的建立、維持、
轉變等而不斷發展，這個過程包含著閱聽人日常生活的多重真
實，其中摻雜著各種和諧的與矛盾的行動。

二、閱聽人的參與和歷程觀念

在日常生活中，閱聽人和媒介的關係以及和其他社會關係彼
此錯雜、相互滲透，閱聽人藉由媒介使用及因此產生的媒介經驗
而去建立與管理各種相關的社會關係，也透過某些社會關係去發
展或維持與特定媒介的接觸。閱聽人的各種經驗多少聯繫於周遭
相關的情境特性，閱聽人和環境之間存在著結構化現象，這也代
表閱聽人必須以處於某種整體性關係網絡的情形來觀察與理解，
這種屬於閱聽人參與和經驗的歷程，並非以個別閱聽人的特定行

為或解讀為研究對象，也不僅強調閱聽人面對環境所產生的主動或被動性質，從「歷程」的角度來看，閱聽人是置身於某種關係網絡中，並在其中進行折衝、妥協，包含多種的互動形式及結果。

從某種角度來看，一部傳播研究史也算是一部閱聽人論述史，亦是閱聽人研究傳統的競爭史。在閱聽人研究領域內，經常出現多樣的閱聽人形象，閱聽人並不具有標準的屬性或行動模式，此固然由於一般閱聽人研究總是源自許多不同動機，因而引導出各式的觀察方向及研究結果。另一方面，這種情形也可以被視為多樣及豐富的觀照視角，閱聽人研究並非定於一尊，因此透過各種研究取徑，人們能夠認識閱聽人的更多種面貌。然而如果進一步來看，或許不難發現在林林總總的閱聽人研究中，許多探討重點較偏向描摹某些閱聽人的有限側面，選擇性地放大了認知、態度、行為、或其他面向中的部分特性，也同時局限住我們對閱聽人的了解範圍及詮釋深度。或許我們不可能對閱聽人產生真正全面的認識，畢竟任何研究取徑都有其限制，然而似乎也無須發展成過於零散的說明。從建立一個知識領域的立場而言，為這個領域建構出較完整的及系統的論述架構，是一個值得努力的方向，而從「過程」的觀點來探討或許可讓閱聽人的形貌更為完整，避免化約至局限的特定因素及面向。

強調過程社會學（process sociology）的社會學者伊里亞斯（Norbert Elias）指出：

> 當人們局限於一種靜態的、因果式的說明時，就無法適當地從事過程──社會學的探討。因果說明總是隱含著一個起點。然而進一步檢視，人們可輕易發現一些被呈現為原

因和起點的事件，總需要以因果方式去回答它們如何及為
何開始的問題，因而成為一種無止盡的追索。過程只能以
過程方式來說明。並不存在絕對的起點。（Elias, 1987: xxiv）

以此來看閱聽人的日常生活，可以觀察到環繞於閱聽人而發展開
來的各式關係，它們源自閱聽人的相關脈絡而使閱聽人的真實經
驗展現更多的豐富性。然而過程的複雜性必然使探討的難度增
加，閱聽人的問題無法以單一層面或確切方式來回答，變動的與
多層次的過程將使得研究者的觀察角度不易掌握，因此如能仰賴
某種概念架構為輔助，協助釐清過程發展的特性及注意事項，將
能有助於說明與了解閱聽人經驗過程。

　　本章嘗試利用懷德海（Alfred North Whitehead）的歷程哲學
（process philosophy）觀念及範疇總綱（categoreal scheme）之架
構，作為協助引導思考閱聽人的媒介。如果我們需要一種思考框
架以便能夠了解閱聽人的經驗發展過程，又能包容分歧與異質的
閱聽人經驗；既呈現閱聽人經驗的共享架構，又包容異質發展的
可能性。則懷德海在範疇總綱中所說明的要件與規則，或許值得
參考[6]。

　　一般認為，懷德海受到柏格森（Henri Bergson）的「純粹綿延」
（duration）與詹姆士（William James）的「意識流」觀念影響，進
而提出所謂「事件」（event）概念。他以「事件」來指涉流動的真

---

[6]　雖然探討「過程」的學者並不僅有懷德海（e.g., Orel, 2002），不過藉由建構
　　一套完整範疇而試圖說明經驗的過程，卻是懷德海較為特殊之處。此外，固
　　然也有人認為懷德海過於強調整體，而可能忽略特殊性；但我們並非全盤接
　　受懷德海的形上學理論，而是強調援引部分概念以做為說明工具，則懷德海
　　探討整體層面的過程發展仍有其觀照上的獨特價值。

實，在他的晚期著作中，懷德海改以現實物（actual entities or actual occasions）來代替「事件」概念，強調真實（reality）是一個歷程，由各種現實物的轉化（becoming）所構成。誠如伊里亞斯認為屬於過程的事物就只能以過程方式來說明，同樣的，懷德海也強調「一個科學對象的情境之流（streams of situations）進程，只能依據分析此種流本身方能被確定。」（Whitehead, 1978: 159），他認為科學目標便是要依據事件之間的相互結構關係而進行說明，而這種相互結構關係兼具空間與時間屬性（Whitehead, 1978: 167-168）。整體而言，懷德海反對獨立自存的「實體」概念，以為這種源自亞里士多德且由笛卡爾發揚光大的概念，係假定實體在時空中佔有具體的點及位置。但是懷德海以為並不會有獨立的個別事件，事件之間總是相互牽引與涉入，並且這些關係構成事件本身，所以無法切割出獨立事件，每個事件也唯有經由其他事件才可能成就其自身。換言之，事件之間相互採借、層層錯雜、彼此連鎖，這些相互聯繫的事件皆處於共同成長過程，而這也是人類經驗的具體層面。

　　以下將先說明懷德海的範疇總綱，接著再進一步引申至閱聽人經驗過程，希望藉此而能發展出對閱聽人經驗的一種思考及探討框架。

第二節　懷德海的範疇總綱

　　懷德海認為宇宙萬物皆處於動態及相互關聯的狀態，他反對傳統西方哲學的主客對立觀點，轉而主張主客的相互滲透、互為主體及互為客體，因而所有事物皆由於這種持續地相互指涉與彼此影響遂發展成不斷分化及聚合的變遷（becoming）過程，也因此懷德海的哲學被稱為歷程哲學（楊士毅，2001；陳奎德，1994；沈清松，1985，1995；俞懿嫻，2001，2008）。

　　懷德海為了解釋人類經驗的一切元素，他建構出一套範疇總綱，這套綱領包含四大部分：終極範疇（The Category of Ultimate）、存在範疇（The Categories of Existence）、說明範疇（The Categories of Explanation）、義務範疇（Categoreal Obligation）（Whitehead, 1960: 27-45）（請參見表1）。懷德海認為這些範疇皆彼此互賴，相互依存，以下分別說明之。

一、終極範疇

　　終極範疇旨在指出宇宙最根本的最終事實，懷德海認為終極範疇由「創造力」（creativity）、「多」（many）、「一」（one）三者構成。「一」代表一個實體（entity）的完整性與獨特性，「多」是指分散的多樣性與歧異性，在這種散殊狀態中存在著許多的「存有者」（beings）。「多」預設了「一」，「一」也預設著「多」。至於「創造力」則是最終極的普遍原則，「多」藉此而變成「一

個」現實的實體，也就是從原來分散的宇宙發展成一個統整的宇宙，亦即「多」變成了複合的整體。換言之，創造力是一項新穎（novelty）原則，由「多」所變成的複合體在性質上異於「多」內的各種元素，也就是「創造力」將某種新穎性導入「多」的內容中（Whitehead, 1960: 31）。懷德海指出：

> 「聚集」（together）是一個總稱，它涵蓋各種實體「聚集」在一個現實實體中的各種具體方式，因而「聚集」預設了「創造力」、「多」、「一」、「同一性」（identity）、與「分歧性」等觀念。終極的形上原則便是從這種分散到統整的進展，其創造了一個新穎的實體，其有別於分散狀態時原有實體。（Whitehead, 1960: 32）

這個新穎的實體既是「多」的聚集，然而前者一旦形成後，它又立刻成為「多」的其中之一，歷程哲學強調的便是這種從「多」到「一」，又從「一」到「多」的變化（becoming）過程。懷德海稱這種聚集性及新穎性的發展歷程為「共同成長」（concrescence）（Whitehead, 1960: 32）。

　　簡單地講，「多」就是指事物的散殊、異質、多元等狀態，或是指一個事態背後的多種因緣；「一」則是指這些因緣聚合成的某種統合及完整的結果；在此因緣集結及轉化過程中，會出現某些新的性質及面向，而成為一種具有創新性的變遷歷程。同時，這個變遷歷程是不間斷地運行著，從散殊到統一、又從整合到分化，這種「多」與「一」的持續交替發展，便是懷德海形上學中最根本的原理。

二、存在範疇

　　存在範疇旨在提出宇宙各種可能的存在事態，包括具體的與抽象的、現實的與可能性的各種分類與界定。存在範疇內包含八個範疇：1.現實物（actual entities）、2.攝受（prehensions）、3.集結（nexus）、4.主觀形式（subjective forms）、5.永恆對象（eternal objects）、6.命題（propositions）、7.雜散（multiplicities）、8.對比（contrasts）（Whitehead, 1960: 32-33）。

　　「現實物」又稱為現實事態（actual occasions）、最終真實（final realities）、或實在的事物（Res Verae）。懷德海在早期哲學中，他傾向將現實物稱為「事件」（event），強調事件具有獨特、流動、及無法重複的特性[7]。

　　「攝受」是一種指向活動，藉由這種指向而使得現實物彼此聯繫在一起，所以懷德海認為它又可稱為具體的相關性事實[8]。每個攝受都由三個因素所構成，第一，攝受的「主體」，也就是現實物；第二，被攝受的「資料」；第三，「主觀形式」，即主體攝受資料的方式。懷德海將攝受區分為積極攝受與消極攝受，前者又可稱為感受，後者則是排除去感受，此外，攝受還可再區分

---

[7]　在懷德海的形上學中，「事件」具有一次性及唯一性，宇宙內的每一個事件都是獨一無二與不可重複的，同時，事件只是經過，而不發生變化。因此可以說，事件具有多項特性：具體的、單個的、流動的、一去不返的、既非永恆，也不變化、以其他事件作為構成成分、並且是特殊的和清晰的（在某個空-時區域內）（陳奎德，1994: 57-60）。

[8]　「攝受」應是現實物之經驗本身的最基本型態，包括主動及被動（沈清松，1985: 110）；另外，它也是一種價值選擇及實現的活動（楊士毅，2001: 77）。換另一種方式來說，攝受是主體對其他客體的影響，以及承受其他客體的影響，因此也可說是物體之間的相互指涉及交互作用。

出「物理的攝受」與「概念的攝受」，前者是指對現實物的攝受，
後者則為「永恆對象」的攝受（Whitehead, 1960: 32, 35）。

　　現物實由於攝受活動而彼此聚集在一起，這就是「集結」，
懷德海認為集結屬於「公開的事態」（Whitehead, 1960: 32），易
言之，這是在一般經驗中所感知到的顯相。懷德海指出，一個集
結是一組現實物成為彼此相關的統整體，這種情形是因這些現實
物之間相互的攝受活動所形成，也由於它們彼此在對方身上的對
象化（objectivation）所造成，此處的「對象化」是指一個現實物
的潛能在另一個現實物中被實現的特殊模式（Whitehead, 1960:
34-35）。

　　「主觀形式」是指攝受的形式，包括情緒、評價、目的、敵視、
嫌惡、意識等。它們屬於內隱的主觀關係（Whitehead, 1960: 35）。

　　「永恆對象」是一種純粹的潛能或可能性，或是確定性的形
式（Whitehead, 1960: 32）。永恆對象與現實物分別代表兩種極端，
後者是具體的，前者是抽象的，現實物是被直接經驗的，永恆對
象則是被認知的。永恆對象是一種邏輯上的可能性領域，它們是
理想的及抽象的，所以必然脫離現實，永恆對象唯有在某種特定
選擇下才進入具體時空而變成具有現實性。至於永恆對象的潛能
在特定現實物中實現的特殊模式，以及促成該現實物產生確定性的
過程，懷德海稱之為「契入」（ingression）（Whitehead, 1960: 34）。

　　「命題」屬於潛在的及可能之確定性內的一些事態，或稱為
理論。命題亦屬於經由攝受活動而產生的一種集結，其中潛在的
相關性因永恆對象而被部分地界定，也具有一種複雜永恆對象的
統整性（Whitehead, 1960: 32-33, 35-36）。或以另一種方式來看，
這是一種心理再現或概念建構的結果。

「雜散」是指多種現實物的純粹分散情形，這些雜散中的每個現實物都具有至少一種其他現實物無法滿足的條件（Whitehead, 1960: 33, 36）。

「對比」是在攝受過程中出現各種現實物的綜合模式，也就是由許多複雜資料構成一種統整性，這種統整性是各種現實物之間的一種「對比」，也因為這種對比，所以產生出一種新的存在種類（Whitehead, 1960: 33, 36）。這種對比會朝向一種進展歷程，即出現對比的對比，或更高層次的對比。

懷德海認為八個存在範疇中，現實物與永恆對象各自代表一種極端，其他範疇則具有中間性質。另外，在一般直接的與現實的經驗中，人們經驗到的最終事實是現實物、攝受、與集結，至於其他則皆屬於衍生的抽象物。

三、說明範疇

說明範疇旨在進一步解釋存在範疇的彼此關係及其運作原則，共有二十七個範疇，其中最主要的有三項，分別為第四範疇「相關性原則」（principle of relativity）、第九範疇「歷程原則」（principle of process）、與第十八範疇「存有學原則」（ontological principle）它們總括了所有說明範疇的重點。

「相關性原則」指出，每個現實物的某些要素都具有和其他現實物一起進入共同成長歷程的可能性。換言之，所有現實物總是可能藉由攝受而參與彼此的變化過程，而這種情形也呈現出現實世界「從多到一」的整合趨勢。懷德海指出，現實世界是一個由各種現實物所化成（becoming）的過程，在此過程中，現實物的某些潛在性質獲得實現，因此這是一種「現實物之各種潛能的

真正共同成長（real concrescence）」（Whitehead, 1960: 33），懷
德海說道：

> 現實物在宇宙中的集結，乃對應於一個共同成長，這個集
> 結可稱為對應於該共同成長的「現實世界」。在特定的共
> 同成長中……原本的不確定性變成了真正之共同成長中
> 的確定性，這就是「潛能」的意義。而由於它是一種被制
> 約的不確定性，所以可被稱為一種「真實的潛能」。
> （Whitehead, 1960: 34）

由於這種相關性原則，所有現實物得以成為相互影響及互涉共存
的複合體，易言之，每個現實物都可能以某種方式參與或介入其
他現實物的變化過程，同時也必須接納其他現實物參與自己的生
命歷程。相關性原則指出所有事物由於相互攝受而彼此依賴，進
而發展成某種群體形態，同時在此過程中，所有參與的各個組成
都在共同變遷中實現某些潛能。

　　「歷程原則」說明了宇宙內各種事物必然出現的變化過程，
懷德海指出：

> 一個現實物的變化（becoming）方式構成了該現實物的實
> 際情形；所以這兩種對現實物的描述並非彼此無關。它的
> 「存有」（being）是由其「變化」（becoming）所構成。
> 這就是「歷程原則」。（Whitehead, 1960: 34-35）

懷德海認為分析現實物時，除了分析其對象化的可能性外，還應分析現實物的變化過程，這個過程其實是一種與其他現實物的共同成長。歷程原則包含「多到一」與「一到多」的過程，反映出宇宙變遷之本質，強調事物的動態性與過渡性。在這種動態變遷歷程中，每個現實物其實是進行一種自我創造的運作（Whitehead, 1960: 38），因為它會參與其他現實物，並成為後者的攝受對象，同時它自己的某些潛能也在共同成長中被實現，因此，這也是現實物之自我形構的變遷歷程。由於現實物皆因攝受而成為共同成長的結果，所以現實物在自我形構之際，亦參與了其他現實物的變遷過程。此意味著，每個現實物的自我形構必然納入其他現實物的部分潛能，亦即實現了其他現實物的部分潛能。換言之，從共同成長的歷程來看，所有現實物皆非完全自主及自足的個體。

　　「存有學原則」是指變化歷程必有其原因，而且這些原因最終均指向現實物。懷德海認為：

　　　　在任何特定情況下，從屬於變化過程的每個條件都有其原因，這種原因可能存在於共同成長之現實世界內某些現實物的特質內，或是在共同成長過程中主體的特質內。這項說明範疇可稱為「存有學原則」，又可稱為「動力因與終極因之原則」（principle of efficient, and final, causation）（Whitehead, 1960: 36-37）。

這是指在變遷的成長過程中，現實物的變化既源於自身的主觀目的，也部分衍自其他現實物的內在構成（因為前者參與後者的變遷，以及前者和後者的共同成長）。以此觀之，每個現實物之所

以發展出變遷歷程，不只完全由於主觀因素，還包含了週遭事物的影響，而且後者也包含了前者的參與或介入。或者可說是，個體總是和其他個體之間呈現複雜的交互影響，每個個體的能動都部分源自他者的能動。

四、義務範疇

　　義務範疇進一步從終極範疇、存在範疇、及說明範疇內整理出各種存在、變遷、及共同成長等應該具有的義務或規範。這部分共包含九項範疇：1.主觀的統整性（subjective unity）、2.客觀的同一性（objective identity）、3.客觀的分殊性（objective diversity）、4.概念評價（conceptual valuation）、5.概念翻轉（conceptual reversion）、6.轉化（transmutation）、7.主觀的和諧性（subjective harmony）、8.主觀的強度性（subjective intensity）、9.自由與決定（freedom and determination）。

　　「主觀的統整性」指出現實物在變化過程中的許多攝受活動的性質，雖然攝受的資料難免駁雜分歧，但由於主體的統整性而能維持一種相容的整合狀態。「客觀的同一性」是指當變遷過程達滿足狀態（satisfaction）時（也就是共同成長的最後階段，此時出現複雜及完全確定的感受），這時每個要素具有自我一致性的功能。「客觀的分殊性」指在共同成長的歷程中，不同要素不可能產生絕對同樣的功能，如此方能出現差異對比（Whitehead, 1960: 39）。

　　「概念評價」是指從物理攝受發展出概念攝受。由於概念攝受是對永恆對象的攝受，因此這是一種採取距離的態度，由模糊直覺發展成概念知覺。「概念翻轉」是指植基於概念評價，且依

據主觀目的而進一步指向更高層級的永恆對象。概念評價是對物理攝受的概念再製，而概念翻轉則是產生和物理攝受之間的概念差異。「轉化」指主體在整合物理攝受及其衍生之概念攝受的後續階段，攝受主體可將這些概念攝受的資料轉變成某種包含攝受對象的新集結。因此這又是一種「多到一」的過程，並且其中呈現一種差異對比（Whitehead, 1960: 39-40）。

　　「主觀的和諧性」是指主體的概念攝受由於主觀目的而會形成彼此配合的和諧狀態，這也是共同成長過程內的和諧性，「主觀的和諧性」與「主觀的統整性」二者之間的差異在於，後者主要與攝受的資料有關，前者則針對概念攝受的主觀形式。「主觀的強度性」指主體的主觀目的（這是概念攝受的起源）旨在指向當下及未來的感受強度，也就是會預期相關未來的要素，這些要素須被當下的主體感受到有效的強度性。「自由與決定」是指現實物共同成長的自由與決定。懷德海認為這些現實物的變遷歷程，就內部而言是被決定的，但在外部上則為自由的。在共同成長中，雖然凡能被影響的部分已大多被決定，但仍會保留某些決定力量給共同成長的主體，主體的最後決定可視為整體（the whole）對其內部決定過程的一種回應，而這種回應也是對情緒、欣賞、與目的等進行最後的調整，同時值得注意的是，這種「整體」的決定又是源自「部分」的決定（Whitehead, 1960: 40-42）。

　　綜合來看，上述九項義務範疇可進一步歸納，它們涵蓋主觀面向、客觀面向、概念發展面向、以及變遷歷程的自由與決定現象，並皆針對各種現實物在攝受、集結、對比、共同成長等包括「多到一」與「一到多」之發展過程中應該產生的性質及原則。

表1 懷德海的範疇總綱

終極範疇	創造力（creativity）、多（many）、一（one）			
存在範疇	1.現實物（actual entities）	2.攝受（prehensions）	3.集結（nexus）	4.主觀形式（subjective forms）
	5.永恆對象（eternal objects）	6.命題（propositions）	7.雜散（multiplicities）	8.對比（contrasts）
説明範疇	4.相關性原則（principle of relativity）	1. 現實世界由許多現實物所化成（becoming） 2. 共同成長 3. 共同成長中出現新的化成 5. 集結乃對應於共同成長 6. 現實物的潛能：不確定性變成共同成長中的確定性 7. 契入 8. 現實物的化成 10.對攝受的分析		
	9.歷程原則（principle of process）	11.攝受主體、被攝受的資料、攝受的主觀形式 12.積極攝受/消極攝受 13.主觀形式的種類 14.集結源自攝受與對象化 15.命題的性質 16.雜多的性質 17.統整性是一種對比 19.存在範疇的基本類型是現實物及永恆對象		
	18.存有學原則（ontological principle）	20.集結促成現實物的確定性 21.現實物具自我同一性/自我分歧性 22.自我創造（化成）：多樣角色變成一個融貫的角色 23.現實物的真正內在構成（自我創造之運作） 24.對象化與契入 25.共同成長的最後階段：滿足（複雜及確定的感受） 26.現實物在滿足階段具有自我一致性 27.整合攝受		
義務範疇	1.主觀的統整性（subjective unity）	4.概念評價（conceptual valuation）		7.主觀的和諧性（subjective harmony）
	2.客觀的同一性（objective identity）	5.概念翻轉（conceptual reversion）		8.主觀的強度性（subjective intensity）
	3.客觀的分殊性（objective diversity）	6.轉化（transmutation）		9.自由與決定（freedom and determination）

資料來源：整理自 Whitehead, A. N.(1960). Process and reality: An essay in *cosmology*. New York: Harper & Brothers. pp.27-45.

　　由於懷德海的範疇總綱總括了事物發展及經驗過程的一般性原則，我們可借用這套綱領來探討閱聽人經驗的構成元素及構成過程，以及思考閱聽人概念論述的問題。下一節將借助上述範疇總綱來呈現閱聽人的經驗特性。

第三節　閱聽人經驗的範疇建構

　　如果以懷德海式的觀念來看，閱聽人經驗應以歷程方式來觀察與了解，人們很少只是個別媒介或個別訊息的接收者及使用者，特別在傳媒普及的社會中，多數人總是經常接觸若干種類的媒介，同時，閱聽人多在持續接觸及使用這些媒介之際，藉由和周遭相關社會關係的聯繫，進而調整或改變媒介經驗形式，因此媒介經驗之發展其實涉及閱聽個體與各種媒介的關係，以及閱聽個體因所處脈絡而產生之社會關係的影響，這些動態發展的經驗形式，似可參照懷德海的範疇總綱而進一步探討。以下依據前述四大範疇逐一引申閱聽人的經驗性質。其實，若依據懷德海的看法，範疇總綱可涵蓋所有人類經驗，因此可應用於更廣大的社會層面，理論上可以從個體經驗逐步發展至群體、社會、區域、甚至全球領域，但為避免牽涉過廣而失焦，本章只著重閱聽人經驗層面的說明。

一、終極範疇與閱聽人經驗

　　在傳媒、資訊、閱聽眾等皆日益高度成長的環境下，許多成分或元素並非只是渙散零亂地堆疊於各種領域內；事實上，它們在動態過程中發展出某些型態，進而構成傳播社會的不同層次。這個歷程是一種不斷分化與整合的變遷過程，傳播環境中充滿了一些由差異對比而產生各式各樣的聚集和社群，並且這些集群還可能挪移、分散、或重新集結，進而轉化成不同的群體。這種過程就誠如懷德海所說的從多到一，以及從一到多的具有創造力的變化歷程。閱聽人不是單子化的個體，媒介訊息不只是單向流動，傳播媒介也不是孤立的機構，同時傳播過程還與其他社會過程彼此互涉而發展。

　　以個別閱聽人的角度來看，個人的媒介經驗是匯集了若干媒介使用和文本解讀而整合成一種有意義的經驗形式，同時這些使用及解讀還包含著個人的社會關係、文化情境、和其他相關脈絡的影響。這裡進行的是，一些原本可能看似無關的及雜散的元素，逐漸聚合與連結，而成為閱聽人的一種感知及經驗型態。並且個人的媒介經驗也要與自己的其他日常活動、周遭他人或群體的媒介經驗構成對比，它們可能是和諧的或衝突的，並進一步形成結合著人際關係及社會互動的媒介使用型態。這種對比發展過程可以從個人、人際、小團體，一直發展到組織、制度、國家甚至全球層面。

　　「創新」其實不必然具有特定道德意涵，它只是在無數發展與變遷過程中，因變化而產生差異所必然形成的特性；至於「創新」的方向與結果，以及是否及如何透過人力干預，這些才成為討論及評價的重點。所有個體在時空脈絡中不斷成長，所有的變

化都可視為一種創新，而這種創新是由許多因素共同促成之持續過程中的一個暫時結果。

　　既然閱聽人與媒介的關係涉及許多因素的相互影響，則視閱聽人經驗為一種創新歷程，並不必然認為閱聽人擁有通俗定義的「創造力」，或具有反抗、批判、挪用能力，而是強調在人們的生活情境中總是存在多重因素所造成的異質性與變動性，縱使在研究過程中，不免必須進行某種切面的檢視，但事實上，這種強使之呈現靜止狀態的觀察方式，必然對了解閱聽人有所不足。

二、存在範疇與閱聽人經驗

1.現實物／事件

　　現實物或事件的特性便是處於流動過程的具體事物，以此來看閱聽人，則可認為閱聽人（可以是閱聽個體、家庭、團體、社群等），他們都是具體的、個別的（但非孤立的）、置身特定情境、也是處於過程中的主體。人們固然可能發展出某種使用媒介的習慣，然而其中的個別使用活動及閱聽經驗，卻非靜止的形式或恆常的規律，而是一直處於某種程度的變動。特別在媒介飽和的環境內，閱聽人可能不斷進出各種媒介產生的多樣訊息流，因此可能持續地及間歇地發展著不同種類及重要性不等的媒介經驗。有人將閱聽人看成流浪的、漫遊的閱聽人，其實更應強調閱聽人的經驗是動態複雜之閱聽活動的結果。

　　懷德海指出：「『存在』無法抽離於『過程』。『過程』與『存在』觀念彼此預設著對方。」（Whitehead, 1958: 131）。生命具有一種複雜性與變化性，閱聽人經驗如同一種生命過程，即使從人

們使用某種媒介或特定媒介內容的角度來看，都不只是單純的個體與媒介之間的關係，因為個體總是某些團體或社群中的成員，媒介也隸屬於眾多傳媒構成的媒體生態環境，因此在這種情境中，不太可能控制其他影響因素，進而抽離出閱聽人和媒介的關係。

再進一步來看，閱聽人對特定媒介內容產生的某種經驗或解讀，也不應孤立視之，例如一位閱聽人對一則犯罪新聞的好奇和注意，可能和特定情境有關，並不排除該閱聽人在不同情境下可能對同樣新聞產生嫌惡。雖然這種好奇或嫌惡的經驗都是具體且真實的，然而它們只能以概念形式被認識，從現象學的觀點來看，包括閱聽人自己也只能以反省形式而概念式地說明自己的經驗，因為真實的活生生經驗是屬於前反省的（pre-reflective），具有難以言詮的真實感及模糊性，這種真實性與模糊性是由於經驗總是源自人類心理及其身體之互動整合而去面對外在環境，閱聽人並非僅在心理上感到嫌惡或好奇，而是在面對特定對象時，整個身體與意識或潛意識結合而發展出具某種強度的主觀感受。這種經驗發生於具體的時間與空間，並隨著身心整合體與所面對象之間關係的持續變化而成為一種流動的經驗形式，並且每一次、每一剎那的經驗都是獨一無二，不可能重複的。

2.攝受活動

攝受是現實物的指向活動，並經此而與其他現實物集結在一起。這種攝受活動包含著影響他人（物）及受他人（物）影響。閱聽人的媒介經驗中也同樣充斥著這種影響與被影響的過程，由於這種相互指涉及影響，所以在傳播過程中，不只是從傳播者到閱聽人，也不只是閱聽人使用或解讀媒介及其文本，攝受強調的

是因為這些指向活動而產生的「關係」或「相關性」，所以無法
單獨去說明閱聽人、傳播者、或媒介。

　　也由於每個存在者必然指向著某些他人（物），所以這些存
在者的自我構成從來不是獨自完成的，而是包含著周遭他人（物）
經由指涉與被指涉，使這些他人（物）成為存在者在變化
（becoming）過程中的構成元素。因為攝受活動而使得所謂主體
與客體之分變得不夠實際，因為主體總是包含著客體，只有相互
主體與相互客體，沒有絕對及完全的主體或客體。

　　這種情形接近於許多後現代主義強調的消解主／客二元對立
的觀點，也因此去除西方傳統哲學內以理性為中心（logocentric）
的主張，從而使得變動的、遊移的、多重的、分裂的主體成為可
能。閱聽人不是主動或被動的二選一，而是同時兼有這些特性。
個體在實際的閱聽情境中，既接收訊息也製造意義，既被文本影
響也影響文本，同時受他人影響與影響他人。這些存有者的相互
攝受構成一種交互指涉的網絡，若要了解個體的存在基礎就必須
涵括這種網絡，因為構成個體變化的情境便是源於這樣的網絡。

3.集結

　　因攝受活動而形成的關係網絡便成為集結。以懷德海的觀點
來看，集結是一種「公開的事態」（public matters of facts）
（Whitehead, 1960: 32），換言之，這是一種顯相，然而這種顯相
乃因許多現實物經由攝受而聚集在一起方才浮現出來，所以，顯
相所代表的要義並不僅在於顯相自身，而在於顯相是因緣聚合的
結果，所以不能將集結誤認為根本的事實。

　　多數時候，人們觀察到的閱聽人行為也是屬於一種公開的事
態，每個閱聽行為、型態、或模式的背後皆有許多因素運作其中，

例如，個人因素、團體因素、情境因素、政治因素、經濟因素、文化因素、或歷史因素等等都可能各自程度不等地促成特定閱聽人之特定媒介使用行為及經驗的形成。例如某甲習慣每天閱讀某種報紙，如果我們深入分析這項行為，將可發現此一行為其實是由前述若干相關因素蓄積且醞釀而成，假使我們願意的話，則可分析出這些因素聚合過程所反映的各種歷史發展。

集結所代表的另一個意義是這些經由攝受活動而外顯的結果並不具有必然性，它們並非受到絕對性規律的影響，而是視不同情境所聚合之不同相關因素而凝化出各種顯相。所以許多集結是難以複製的，更由於現實物（或事件）具有唯一性或一次性，因此多種現實物所產生的集結也總是具有某種獨特性。以此來看閱聽人，則一些閱聽人的行為或態度無論表面上看起來如何的相似，其實皆源自不同因素在不同脈絡中的不同組合，它們基本上都是屬於差異的與獨特的經驗形式。

4.主觀形式

主觀形式是攝受的形式，包括各種情緒、評價、愛恨等。以懷德海的觀點而言，人類的經驗具有整體性，無法清楚區分出感覺與感覺對象（Whitehead, 1985），在感覺經驗中，感覺對象總是以某種形式被主體經驗而認識，從而「契入」（ingress）到主體之內，並成為該主體變化及成長歷程的內在成分。同時感覺對象也由於成為主體的攝受對象，能夠在對象化過程中使其部分潛能在主體內實現。換言之，作為顯相的集結乃植基於現實物之間私有的主觀指涉，其間的認識者與認識對象交織成渾然一體的經驗過程。

　　閱聽人的媒介經驗包括各種情感、態度、愉悅、抗拒、挪用、創造等，這些經驗包含了閱聽人承受媒介文本的影響，以及閱聽人對文本的解讀及使用，在這些過程中，不僅是閱聽人的解讀及使用展現了閱聽人的能動，同時這些解讀和使用也落實了媒介及其文本的某些效果，不管是閱聽人的力量或媒介的權力，都在這些經驗過程中被某程度地實現。

5.永恆對象

　　許多現實物都能夠以某些理想形式被感知，這些理想形式構成一種抽象世界，代表著可能性及潛能。永恆對象以特定形式契入現實物而使得原本屬於模糊的與流動的現實物獲得了某種確定性，因而永恆對象並非單獨存在的具體世界，而必然內存於現實物，永恆對象被認知時，便是它們的某些可能性進入現實物的具體時空而得以變成可實際感知的屬性。易言之，永恆對象必須經由現實物而顯相，現實物也藉由永恆對象而獲得明確性。

　　由於永恆對象屬於邏輯上的可能性，以此來看閱聽人面對媒介文本時的感知，便是一些文本對象之可能性領域經由閱聽人的主觀形式而被選擇成為認識對象，舉例來說，這些認識對象可能包含最基本的感覺經驗（例如電視螢幕上某些東西的顏色、形狀）、較一般性的概念（例如一個人）、以及更特定的概念（例如新聞主播），它們串連成閱聽人的認識活動。當然，以上只是最基礎的過程，在實際的閱聽活動中，所包含的認識活動遠比此複雜，但都具有永恆對象契入的現象。這種情形也適用於傳播者或研究者對閱聽人的認識，他們的認識也是使一些關於閱聽人的可能性轉變成某種現實（例如，閱聽人的主動、被動、閱聽率等）。依照這種觀點，則可認為一般閱聽人研究所討論的閱聽人各種可

能需求、動機、滿足等，以及媒介的效果、權力、意識形態、或其他力量，皆是抽象概念的運作，它們可能以不同方式被實現，也就是經由實際閱聽人的特定主觀形式而被轉化為現實。

6.命題

命題便是一般所指的理論，懷德海認為命題也是一種對比，然而其中的關係由於永恆對象的契入而可能被決定，所以這種特定的具體事態所具有的可能性是「非純粹的」（Whitehead, 1960: 33）。理論是一種心理再現的結果，必定有其抽象性，自然不等於具體的現實物。對於閱聽人研究而言，一般的理論性陳述都只是描述部分的可能性。

懷德海哲學認為許多抽象語言並無法完全說明與貼近整體的知識，此時唯有透過身體去感受與直觀萬物互涉而融合為一的完整性（也就是主客未分時的狀態）。以另一種方式來看，人類對事物的經驗可分成兩個部分，一種是源自身體經驗之類似於潛意識狀態的自發性過程，這是身體與周遭環境之間直接的、具體的、與動態的關係與感受；另一種則為理性化的意識過程，能夠對事物進行抽象處理，也是一個較能控制的層次。前者雖具有豐富性與多樣性，但也較為模糊與不明確，後者固然較清晰與精細，但相較於前者，卻顯得較為呆板空洞（Whitehead, 1985: 13-19, 43-53）。人類的經驗活動包含這兩部分，抽象思考能夠將事物切割而予以概念化操作，藉此人們能夠更方便地處理事物及應付生活，同時這些抽象化的結果還可能與原來的經驗活動產生對比，並因此而進一步改變經驗活動。簡言之，理論建構必須建基於原初的感覺經驗，然而理論建構也能夠影響社會真實。

7.雜散

　　雜散屬於實體的分散狀態，指各種不連貫的組成成分，但它們有可能構成某種統整性，如果各種成分都至少滿足其他成分無法滿足的一項條件，便有此可能性。因此雜散屬於尚未成為對比關係，它們是一種處於「多」的狀態，但卻是散漫的一群。以此來說明閱聽人，則可視為指閱聽人在接觸媒介及其文本之際，所產生的各種感受，它們可能包含一些片斷的、矛盾的、衝突的感受，尚未被組織成一致的與合理的經驗。或者在另一種層次上來看，也可視為一些屬於前——社會化的、異質性、分歧的閱聽人，尚未進一步發展成小團體或社群。

　　以懷德海的觀點來看，宇宙諸多現實物都會因攝受而由「多」發展為「一」，不過並非成為一種絕對的與普遍的定於一尊，因此雜散意味著在統整性中必然存在的多元性與異質性。另一方面，任何統整性也都可以進一步探求其中的不同組成元素，發現它們彼此具有不同但卻可能互補的功能。這種情形延伸到閱聽人方面，則可認為不管在閱聽人的個人經驗層次或群體層次，都可能同時存在許多分歧的面向或性質，這些不須被排斥，而是要了解它們將如何可能進一步發展成對比關係。

8.對比

　　雜散若因攝受而發展成綜合狀態，便是對比，在對比關係內，諸般現實物之間將出現某種型態與共同成長，這種綜合不僅是各現實物累加在一起，還由於對比的結構關係而形成一種新狀態，所以懷德海認為從一到多以及從多到一都是一種創新過程，攝受

綜合的結果便是在產生差異對比與多元整合之過程中發展出有別
於之前的新階段。

　　從基本的知覺過程來看，人們總是在形象與背景的對比下去
感知刺激，個體在知覺時通常對所接觸之零散與非連貫的刺激物
進行選擇，並將之組織成某種完整的輪廓。閱聽人對媒介的經驗
亦復如此，於是各種接觸媒介而產生的各種認識，以及從中感受
到的正面或負面情緒，都將被組織成一種對閱聽人而言有意義的
結果。從不同媒介獲得的訊息與了解，以及從傳媒及人際管道取
得的資訊，都必須經由認知基模而被進一步整合。

　　再進一步來看，閱聽人除了各自接觸媒介外，個別的及異質
的閱聽人還可能整合成一些詮釋社群。同時，在閱聽人與閱聽人、
閱聽人與媒介、媒介與媒介之間都可能形成對比關係。

三、說明範疇與閱聽人經驗

1.相關性原則

　　現實物由於攝受活動而能夠彼此聯繫，並進入他者的演變過
程，同時也讓他者進入自己的變遷過程，所以各種現實物不再只
是孤立的個體或單子，而總是處於某種網絡中的某點或某位置
上，並在此和周遭個體之間交流著相互的指涉性影響。因此總是
必須以網絡狀態去觀察與了解每個現實物，並檢視其中的互涉互
動對現實物產生的可能效果。

　　構成閱聽人經驗的各種因素之間亦具有相互影響的現象，誠
如認知可能影響態度或行為，或者態度也可能影響認知，閱聽人
每在接觸媒介時，都同時涉及各種認知及情感因素的交互作用而

發展出特定的理解與評價。又或者閱聽人解讀媒介時，可能產生程度不等的愉悅或批判，它們之間彼此牽動而形成對閱聽人而言是可接受的與相對一致性的經驗，因此這些相關因素可以在相互聯繫過程的變化中呈現一種共同成長。

　　再以另一個層次來看，作為一位閱聽人，通常並非只是報紙讀者或電視觀眾，更很少只是某個頻道的觀眾或某個節目的觀眾，人們經常身兼讀者、觀眾、聽眾、及電腦使用者的多重身分，也同時是多種媒介內容的使用者，這些在閱聽人的日常經驗中並非分散零亂，而會被組織成某種秩序。再進一步言，閱聽人還扮演著許多不同社會角色，這些角色也可能影響作為閱聽人的角色認知與行為表現，例如一位有著學齡期小孩的母親，就可能對自己身為閱聽人具有特殊要求（譬如與小孩共視及討論）。換言之，閱聽人具有多重角色（例如，包括讀者、觀眾、聽眾、網路使用者、以及多種社會角色等），閱聽人多少須將它們融貫成某種一致性，以另一方式來說，閱聽人的認同其實是將若干角色或身分進行差異對比後所形成的整合結果。

　　再以群體的層次來看，許多閱聽人之間亦藉由相互攝受而形成某種詮釋社群或行動團體，例如一些迷群或網路社群。個人在這些群體內不再只是原來的個體，而是群體中的成員，即個人的經驗及行為都具有指向他人及被他人指涉的可能性，因此個人的發展與改變都和群體內他人具有某種關係，易言之，個體的意義與價值都必須聯繫到群體方能獲得較佳的說明與解釋。

2.歷程原則

　　誠如赫拉克萊特斯（Heraclitus）所言「人無法兩次踏入相同河流」，社會世界變動不居，因此我們總是處於過程中。懷德海

強調的變化包括彼此攝受的現實物介入對方的生命歷程，每一個體生命都在涉入他者生命中而發展，因而每一個個別生命都牽動著其他生命，也受到其他生命的牽動。因此所謂的變化歷程不只是個體獨自的變化，而是和他者的共同演變，懷德海認為這是共同成長。在這些相互影響內，個體所具有的可能性可能在對方身上實現，同時也在自我成長中實現對方的可能性。

　　所以閱聽人在其經驗歷程中，隨著媒介生活的進行而形成不同感受及經驗型態，雖然它們可能被快照式地捕捉某個階段的靜態及片面現象，但真實的閱聽人仍處於流動的經驗生活中。閱聽人的經驗不只是個人的主觀感受，這些經驗其實包含與他者（包括其他的閱聽人與媒體）之間的互攝與相互契入的影響，也就是彼此實現對方的某些可能性。以此而言，閱聽人的解讀與媒介的支配力量都在對比關係內糾結在一起，並可能在彼此互動中被對方予以某程度地實現，閱聽人就是在這樣的關係與過程中，方才形成身為閱聽人的基本特性。

3.存有學原則

　　現實物的變遷乃受到內外因素的影響，包括自身的目的與外物的力量，誠如前述，由於彼此攝受的作用，現實物不可能只是獨自進行演變，而總是介入他者的生命，並同時承受他者介入自身的雙重影響，這種共同成長造成的結果之一便是，每一個體的存在理由總是部分來自他者的存在及其存在理由。從另一個角度來看，這種情形隱含著一種對他者的責任，並將個體生命建立在與他者共享變化過程的基礎上。

　　閱聽人亦同樣具有這種現象，閱聽人是因為面對著媒介及其訊息，方才成為閱聽人，閱聽人儘管擁有某程度的解碼能力，然

而卻非可以任意解讀媒介文本，閱聽人之所以存在是因為有媒介及媒介文本，同時，閱聽人的經驗不只源自媒介，還可能部分源於周遭他人及情境，所以是由於閱聽人的主觀目的及他者而共同構成主體變化（becoming）的原因，不管這種主體是批判的或愉悅的主體。

四、義務範疇與閱聽人經驗

1.主觀的統整性

固然現實物在變化期間的某些攝受形式及資料雜然俱陳，但主體能夠將之聚納匯合而成為一種彼此相容的整合狀態。因此，主體雖處於變化過程中，但依然能維持一種主導的姿態，這種主導並非支配，而是建構一種自我經驗的秩序。一個具有一般知覺能力的個體，透過知覺的整體性與組織性，將紛雜萬端的刺激予以統合成一種連貫的與有秩序的經驗結果，因而得以回應世界或從事行動。

閱聽人的經驗是建立在能夠統合對媒介的多重感知，例如在看電視時，面對大量訊號刺激，閱聽人必須將多種影像及聲音加以組織及整合成能吸收的形式，以便進行適當的理解；又例如在日常的媒介使用中，經常需將所接觸的各種媒介經驗統合成較為一致的形式，譬如針對某一新聞事件，閱聽人可能把從報紙、電視、或網路所得知的資訊匯聚成該事件的輪廓，進而形成某種了解，否則，閱聽人將處於高度不確定，雖然這種了解未必正確，但卻是產生有意義之認識活動的起碼要求。

2.客觀的同一性

在共同成長的滿足階段，相關組成元素各自擁有自我一致性，並不由於趨向整合而致使有些組成元素被其他元素凌駕，換言之，各組成對整體具有的功能無法被取代，因此皆具有獨特性而成為不可或缺的構成因素。

在閱聽人方面，可以認為構成媒介經驗的諸般元素（包括聽覺、視覺、認知、情感、審美等等）皆在促成該經驗成為一種有意義之經驗過程中具有獨特功能，閱聽人在發展媒介經驗時並無法僅仰賴某一元素，而是由接觸媒介之過程內所能產生的各種感知合力促成，並融貫成有意義的型態，這些構成因素可能有些屬於批評的、有些屬於愉悅的、或者有些屬於矛盾的，它們都共同凝聚成經驗的整體，也各自在整體經驗內扮演不同角色，所以閱聽人不全然是理性的公民，也不全是追求愉悅的消費者，而是兩者都有，理性、批判、或愉悅皆一起融合成整體的媒介經驗，同時這些成分各有其不可被取代的獨特性。

3.客觀的分殊性

由於前述之各元素在滿足階段仍然具有功能的自我一致性，因此，從多到一的過程所產生的融貫，並非消除不同組成的特性，而是在整合中依然保有分化及歧異，懷德海認為各種要素不可能變成欠缺對比之絕對同一的功能（Whitehead, 1960: 39），所以即使趨向整合，但還是同中有異。

這種情形對閱聽人而言亦是如此，媒介經驗總是同時滿足了部分的資訊功能、娛樂功能、認同功能、社會功能、或其他功能，因為閱聽人發展其媒介經驗時可能並非基於單一需求或動機，同

時構成媒介經驗的各種感知形式及結果讓個體獲得多層次或多面向的經驗，它們之間不可能彼此化約，固然最後在閱聽人的經驗中，它們多半已統合成一體，但仍各自維持其特有的性質。從另一種角度來看，媒介經驗具有異質分化的可能性，人們的閱聽經驗能夠提供多元功能，同時這些功能也隨著閱聽人不斷形成的媒介經驗而持續變動。

4.概念評價

　　永恆對象契入現實物而為現實物賦予某種明確性，從另一方面來看，現實物藉由概念攝受而使自己藉由採取某種距離的態度，進而使原本較為直覺性的模糊感受發展成更為確定但抽象的概念。懷德海認為每個物理感受可衍生出一種純粹的概念感受，此一過程及結果促成現實物的確定性或集結。

　　同理，閱聽人也能從原本剛接觸媒介時自然湧現之雜然並陳的諸般感受，發展出較清晰的媒介經驗，並形成各種關於愉悅、資訊、和社會性等使用功能的認識及評價。在閱聽人的經驗流中，包含著面對變化之媒介影音刺激時的一些朦朧混淆的感覺，之後逐步從中抽繹出鮮明的概念印象，諸如各種顏色、聲音、語言、與令人愉悅或不悅的符碼，閱聽人開始具體感受到媒介內容的意義。而這種概念之形成係經由多種影音刺激物在閱聽人知覺歷程中的交互作用（也就是一種集結），在閱聽人腦海中發展出（透過閱聽人的概念攝受活動）若干較具清楚輪廓的感知結果（也就是一些符碼集結成為意義系統）。

5.概念翻轉

　　由於概念評價是一種再製過程，必然和物理攝受之間有所差異，而這種差異將使主體得以朝向另一層次的永恆對象。也由於這種概念差異受到主觀目的之影響，因此趨向更高層的永恆對象係源自主體決定的攝受活動（Whitehead, 1960: 40），此反映出在攝受過程中，概念發展有益增繁複的可能性並具有相對自主性，亦即主觀目的能夠趨向更高層次，去尋求部分異於物理攝受的經驗歷程。

　　在閱聽人的經驗過程中，最初在感官層次產生的各種經驗，可隨著主體自覺能力的提升而轉向不同層次的理解與評價。一些原屬於聲光刺激所引發的驚奇或感動，能夠發展成概念形式的認知或意義了解，甚至能夠進一步挪用而創造新的經驗結果。這種發展往往會由於閱聽人經常接觸多種媒介及其訊息，而變成更為複雜的歷程，因為閱聽人對不同媒體的不同主觀目的會相互拉扯或彼此錯雜，因而概念翻轉所達至更高層的經驗，其實包含著和多重物理攝受之間的異同關係而構成的另一種連貫的整體。

6.轉化

　　依據懷德海的觀點，任何層次的發展過程總是包含著內部要素和更多其他要素之間產生對比攝受的整合趨勢，因此在概念翻轉之餘，攝受主體能將概念感受及其之前物理攝受之現實物予以集結，也就是將概念評價與概念翻轉所涉及的對象及成果整合成一種新的綜合體，同時這種綜合體依然維持著差異對比的狀態，易言之，這是朝向另一個新集結的過程，也進入到另一更高層次的整合階段。

　　同樣的，閱聽人在經驗發展歷程中也包含將各階段的感知匯合成更高層次的集結，從各種感官經驗、意義理解、愉悅或批判、挪用與創造、以及不同層次出現的分歧與對比，這些由閱聽人主體予以統合成較連貫與有秩序的媒介經驗結果。這種合流過程使得原本看似矛盾的不同感受（例如愉悅與批判）能夠同時並存，且依然成為對閱聽人而言具有意義與合理的經驗。

7.主觀的和諧性

　　由於攝受主體的影響，各種概念攝受皆因主體的主觀目的，而維持相容並存的關係，此外，這種讓不同形式的感知活動能夠和諧共生的原因，還在於各種概念攝受彼此之間的相互適應，進而達成共同成長（Whitehead, 1960: 40-41），換言之，各種要素之間形成對比，並與主體的主觀目的維持一致性，因此這些要素是處於特定目標下的彼此影響過程，亦即一種相互決定的歷程。懷德海認為共同成長過程內建了和諧性，係基於一項事實，即所有攝受皆出自於主體，這項事實賦予主體擁有某種主導力，使原來屬於分歧的感知活動能夠產生異中求同的可能性。

　　對閱聽人的經驗而言，建立與維持認知和諧應是一種基本反應，這也是一種藉由合理化進而建構意義的過程之一，主觀的和諧性也是一種主觀秩序，所謂的和諧、秩序、及合理皆視主觀目的而定。誠如閱聽人多會自我合理化自己的媒介使用及經驗，在此過程中，接觸各種媒介而產生的多樣認識、情感、判斷等之間持續進行交錯、連結、及調整，逐步累積成對閱聽人而言符合自我目的之過程與結果。嚴格而言，主觀的和諧性與主觀的統整性之間區別並非十分清楚，不過懷德海認為二者差異在於，前者著重感知內容的整合，後者強調感知形式的統合。

8.主觀的強度性

　　主體的多種感受可依據主體各種目的之間的統整性而被整合，同時各種概念感受也依據和主觀目的之間的一致性及和諧性而形成對主體的重要性程度。由於主觀目的之影響，感受的強度會隨之改變，主觀目的會指向可預期的相關未來，因此在有效強度下的攝受活動方才有促成或衍生未來要素的潛能。

　　閱聽人的各種感知強度亦隨著主觀意向而改變，和主觀意向一致的攝受活動在閱聽人經驗內獲得某種重要性，這些不只影響後續之對比形式的發展，也涉及在共同成長的最後階段，相關感知及其對象獲得確定性的程度，亦即在閱聽人最終經驗內所佔的地位及比重。

9.自由與決定

　　懷德海認為共同成長是一種過程，在此，多種攝受被整合成一種完全確定的感受或滿足，所謂滿足是共同成長（或感受之整合過程）的最後階段，此刻，各種攝受被整合成一種具體的統整體。這種共同成長過程兼具有自由與決定的性質，對內而言是決定的，對外而言則是自由的。所謂決定是指主體必須順應於物理攝受，而自由則是主體能夠採取距離，發展出異於物理攝受的結果，進而可能反過來影響物理攝受。

　　這種情形在閱聽人經驗中亦有類似狀況，閱聽人雖在物理攝受中順應文本，但最終也能透過採取距離而產生各類的解讀、批判、或挪用等而獲得某種程度的自由及創造，並轉而可能影響物理攝受時對文本的解讀。

本章小結

懷德海強調歷程才是經驗的真實，這種歷程「是一種包含組合、漸變、與刪除的過程，現實過程內的每個細節皆由於指涉其他細節進而處於自身的漸變過程中。」（Whitehead, 1958: 122），雖然人們經常必須透過抽象概念來進行理解與分析，然而若將抽象的概念誤以為具體甚或取代具體，這種誤置具體性的謬誤有可能成為一種「暴力的抽象」（violent abstraction）（Whitehead, 1958: 121）。

在傳播研究中，亦不乏強調動態過程的觀念，然而經常由於遷就實際的研究操作而將動態過程轉變成靜態的概念或變項，也同時化約了原本複雜多元的實際現象，凱瑞（James W. Carey）指出：

> 傳播同時是人類行動（活動、過程、實踐）的結構、一種表達形式的整體、以及是社會關係的一種具有結構的與產生結構作用的組合。描述傳播時不只是描繪一些重要觀念的聚合；它也要描述一些實踐的群集，這些實踐係以一套技術的與社會的形式進而凸顯與決定了這些觀念。（Carey, 1992: 86）

在閱聽人接觸及使用媒介的過程中，由於諸般成分與影響因素的交織方使得閱聽人經驗具有血肉、生命、與豐富意義，更重要的是，藉由盡量去了解這些歷程變化的相關面向與特性，或許有助

於進一步探討閱聽人研究中概念論述與主體論述的課題，下一章將延續這個方向，說明從範疇總綱的框架來思考閱聽人概念的可能性。

第五章　閱聽人研究的概念論述

前一章已扼要說明懷德海的歷程哲學及範疇總綱，並依據其中主要精神加以延伸，嘗試應用於閱聽人經驗，本章將進一步依據這種觀察與思考方式來探討閱聽人概念。在進入實質討論之前，先檢視及探討閱聽人研究領域涉及的閱聽人概念，利用整理出的相關重要課題作為橋樑，俾以聯繫到前一章的討論內容。

第一節　閱聽人：概念論述的相關問題

基本上，閱聽人研究雖然是針對閱聽個體或群體之閱聽行為所進行量化與質性的實徵性研究，但嚴格而言，閱聽人是以「概念形式」進入研究論述與研究過程內，閱聽人研究涉及的閱聽人種類雖然五花八門，但從某個角度來看，這些閱聽人大多被分類及聯繫到主要的媒介種類、文本類型、社會情境、與各種人口變項，如此一來，呈現的閱聽人概念其實為數有限。

一、多重轉譯、脈絡、視域

在進一步探討閱聽人概念論述之前，有幾點說明。首先，探討概念論述就如同探討其他論述一樣，必然涉及論述實踐與社會

文化實踐（Fairclough, 1995; van Dijk, 1994），由於過程複雜，勢必有所取捨。通常，多數知識都具有象徵特性，知識屬於一種高度合成的概念，而且這些概念的被操作形式，經常可溯及這些概念在社會變遷中的發展情形（Elias, 1991），換言之，知識的變遷應從知識的社會發展來理解，這種情形也符合懷德海歷程觀所強調元素之間持續相互指涉的現象。

其次，許多和閱聽人相關的研究論述仍屬於研究者或研究社群的產物，特別是一些類似洪宜安（Ien Ang）批評制度觀點之論述，經常與閱聽人日常真實經驗之間有所差距。事實上，不少研究為便於操作化，因而促使研究者必須將自身置於若干有限領域內，從而偏離真實閱聽人的實際經驗，易言之，研究者建構的概念真實（conceptual reality）是研究者擁有的概念工具，但由於前述的距離或偏離，因此研究論述中的閱聽人概念建構猶如一種翻譯工作，研究者以科學語言將閱聽人的日常真實轉譯成概念真實，所以不同研究之間概念真實的分歧與不一致，可部分歸因於日常真實與概念現實之間存在多重轉譯的可能性，未必具有唯一正確的概念建構（Bar-on, 1993）。

另一方面，不同的閱聽人概念論述與界說也代表它們分屬不同的觀察脈絡，它們或許未必指涉不同對象，而是展示出一些現身於不同脈絡下的閱聽人，他們由於研究者所持特定觀點而被引導至特定脈絡，並以特定側面呈現出來。甚至一些閱聽人研究論述表面看似南轅北轍，但實際上可能仍屬於相同的語言實踐範圍，例如一些主張大眾媒介具有意識形態宰制力量的看法便和早期的媒體大效果觀點相當接近；又如 80 年代強調閱聽人主動性的研究被認為類似於使用與滿足理論。這種情形代表人們可用不同

手法而描繪出相近的結果，雖然過程有如殊途同歸，但由於研究者操作手法的差異，既展現研究者在說明及解釋上的精粗程度有別，也同時使閱聽人出現不同面貌。

再者，在閱聽人研究中，閱聽人可算是研究者的意向對象，也就是研究者在研究情境中意識指向的客體，不管他們被稱為樣本、受試者、受訪者、或報導人。如果借用意向分析探討意義的方式來看待研究者對研究對象所產生的意向性時，則其探討的核心之一就是視域（horizon）問題（Christensen, 1993），此涉及如何讓某些層面或層次的意義得以彰顯。就此而言，各種閱聽人概念論述亦呈現出研究者面對「閱聽人」時所具有的各種視域，其中還包括閱聽人在生活中的相關視域。但更重要的是，研究者所指閱聽人的閱聽視域，部分源於研究者的觀察視域，例如強調階級因素的研究者更傾向指出閱聽人因所屬階級位置而出現的媒介經驗，誠如前述，研究者選擇的特定觀察方式放大了閱聽人的某些經驗領域，亦即閱聽人的特定經驗層面通過研究者的視域而成為一個被論述的對象，或換另一種說法，也可謂研究者召喚了閱聽人的某些形象及特質。

二、個人／群體、部分／整體、想像／相信

許多時候，閱聽眾做為一個概念時，常被視為由許多個別閱聽個體組成的整體。因為整體是由其構成成分所組成，後者對前者而言具有必要性，所以整體在存有層次上的獨立實體地位便引發討論（Chisholm, 1994）。其實，誠如社會學家涂爾幹（Emile Durkheim）指出社會事實是一種獨特整體（sui generis），不能化約為特殊個體。對眾多閱聽個體構成的閱聽眾或閱聽群體而言，

也如同懷德海所言的「多到一」，這種集結及對比的結果便是產
生一種異於先前組成的整體。

　　閱聽人概念的討論還涉及另一個問題，由於閱聽人是一種概
念，它也常被當成一種身分或角色；但在實際的日常生活中，人
們都是活生生的生命個體或社會行動者，並非純然為閱聽人，個
體是以從事各類活動且具社會性的社會行動者身分而存在，並生
活於各種情境中，所謂「閱聽人」只是指這些社會行動者接觸與
使用傳播媒介之過程及經驗的一種概念化與抽象化的泛稱，也就
是「閱聽人」只是社會行動者的部分面貌。或者也可認為在真實
生活中，閱聽人必須做為社會行動者而存在，因此當單獨討論「閱
聽人」時，就形同抽取行動者的特定面向做為論述對象。一般而
言，所謂的抽象化是指心理上的分割作用，但這種分割不可能發
生於真實中。抽象就如同面對不可分割的配對時，只思考其中一
項，而不去思考另外一項，這種情形產生一種矛盾，即同時思考
與不思考某些對象（因為事實上該對象無法分割成兩部分）。這
種不一致情形常以兩種方式解釋，一種歸之於選擇性注意；另一
種方法則是視為採取特定思考方式並保留其他思考方式（Baxter,
1997）[9]。若以此來看剛才的問題，則所謂「閱聽人」便是研究者
選擇性地注意社會行動者的某些閱聽行為及其性質而形成的一種
抽象概念；但它也是研究者採取特定觀察方式看待社會行動者而
形成「閱聽人」的研究論述。一般而言，在閱聽人研究中，這兩
種情形皆存在。

---

[9]　這兩種方式解決矛盾的結果不一，後者比前者較能處理不一致的情形（Baxter,
　　1997），不過這個問題並非此處探討重點，所以內文中對二者皆予以保留。

　　另外，由於概念是再現事物的方式，再現並不等同真實，同時再現還可能包含一些屬於可相信的與可想像的再現（Yablo, 1993）。在日常生活中，雖然想像並不必然導向相信，但想像可激發嘗試及行動的可能性，因而促使某些潛能得以實現。以閱聽人概念而言，在林林總總的界定中（從最容易理解的使用、解讀、消費，乃至較特殊的「遊牧」、「作工」、「被縫在文本上」、「盜獵」、「被建構」等），它們讓擁有不同經驗範圍的人產生程度不等之想像與相信的可能性。這些概念的再現皆是不同認知觀點下的結果，它們可成為與環境互動的中介，也就是人們的認識與經驗未必受限於現實，透過多種變化的概念反而能獲得更多的認識。換言之，對事物的探討採取虛無論與唯實論的看法可能都過於僵硬，前者完全否定外在世界的存在，後者視外在世界為獨立於人類心靈的自足存在，然而實際情形可能屬於二者之間的妥協，也就是承認某種社會真實，但它並非完全獨立存在，須仰賴人類某種經驗方式的組織與邏輯建構（Foster, 1994）。這種情形對探討閱聽人時亦是如此。

三、概念與範疇

　　從現象學的角度來看，將所有概念與命題還原至最高度的清晰性，是社會科學的基礎工作，現象學認有所有知識都有澄清的必要，因為許多科學知識對自身基礎並無法提供令人滿意的了解，這些知識可能只在較低層次上將一些可相對理解的事物予以簡單地重新象徵化，而由於這種重新象徵化的過程，卻使上述事物在科學層次上嚴重模糊。知識基礎的釐清過程必須以科學處理的概念材料做為起點，它們包括邏輯形式的概念和表達意義形式

的概念、對象所屬範疇本身的概念、以及這些範疇的具體特徵。系統的澄清工作必須處理前述概念,也就是存有學的澄清工作必須先於所屬實徵科學的澄清工作(Schutz,1966:48-49)。

如果以此觀點來看閱聽人研究,則許多閱聽人研究常著重於具體特徵,例如描述與說明閱聽人的使用媒介行為、需求滿足、或解讀方式等,這些具體特徵可進一步追溯所屬相關範疇,例如包括閱聽人的主觀/客觀、動態/靜態、主動/被動、具體/抽象、固定/變動、個體/社群、心理/社會、支配、價值等等,這些範疇可用不同的語彙來表達,目前常見的各種閱聽人研究論述,大都可納入這些範疇內。一般而言,閱聽人研究著墨於具體行為特徵的情形遠多過於注意範疇問題,這些範疇較屬於閱聽人具體特徵所根植的基礎以及基本性質,事實上,閱聽人的具體行為便是衍自這些更根本的屬性,它們相較於具體特徵,更能反映出研究論述的思考與觀察方向。如從這個角度來探討,則有助於進一步了解閱聽人概念的意義。

通常,概念有幾項特性,第一,概念是一種共相,它可以是思想內容或屬性的呈現方式;第二,概念是一種分類方式,包含思考與推論方式;第三,概念是一種能力,擁有概念就代表擁有認識與思考此對象的能力;第四,概念屬於一種邏輯用語,它不是客體(對象),並且具不飽和性或非完整性(Lacey, 1996: 53-55)。若以這些特性來觀察閱聽人概念,可認為閱聽人概念代表幾種涵意:其一,「閱聽人」被用來代表媒介使用者的共同代名詞,這些個體不只是一般行動者,而是涉及對傳播媒介的接觸、使用、解讀等的行動者;其二,「閱聽人」是一般人與研究者針對媒介使用者而採取的思考與分類方式,包括一般人的自行認定

與歸類（例如，自認是閱聽人而非傳播者、或自認為特定媒介的閱聽人），以及研究者對閱聽人的觀察與分類（例如，研究者認為研究對象是閱聽人而非傳播者、或認為研究對象是特定媒介的閱聽人）；其三，「閱聽人」代表一種能力，對研究者而言，使用「閱聽人」概念及探討「閱聽人」時，意味著能夠藉由某些科學方法及思辨過程去觀察閱聽人；對閱聽人而言，當指認自己或他人為「閱聽人」時，則象徵人們對自己及他人的閱聽行為具有某種認識與反省能力。其四，「閱聽人」是一種邏輯語詞，相對於真正與實際的閱聽個體而言，「閱聽人」只是一種輔助說明的工具，而不是我們討論與思考的真正對象。上述四種閱聽人概念在許多研究論述中經常混雜在一起，或許這也是造成閱聽人研究的困難之一。

　　更進一步來看，這四種概念涵意可歸納成兩類，第一類包括第一種與第四種，它們偏重以概念作為一種名詞及形容語詞來使用，這種概念可供用於指稱或說明；第二類包括第二種與第三種，它們偏重概念可作為一項反映思考、分類、與觀察的能力及方式。相較於前者，後者更能凸顯使用概念時所具有的力量。以此推論，或可認為閱聽人概念論述蘊含這兩種意義，「閱聽人」既是一種象徵符碼，但在使用之際也可依使用方式而展現某種實踐意義。雖然此二類概念經常交織在一起，有時不易清楚區分，但有些閱聽人研究在探討閱聽人時，傾向凸顯閱聽人的外顯行為、被動性、孤立性、固定性、抽象性、靜態結構等，這些使閱聽人更易成為被動與無助的對象。另有些研究則強調閱聽人的主觀經驗、動態過程、主動性、具體性、變動性等，讓閱聽人成為主動與有力的

行動者。這些說明及討論在使用閱聽人此一名詞時，多少隱含第二類概念涵意，並非全然屬於對閱聽人的客觀描述。

現象社會學者舒茲（Alfred Schutz）指出，所有溝通的基本過程皆預設傳訊者與接收者之間具有一種彼此校準或相互適應的關係，這種關係的建立是由於雙方皆分享他人內在時間的經驗流、共同經歷一種鮮活的當下、以及經驗到一種「我們」的感覺而形成。唯有在這種經驗中，個體行為才對與之互動的其他人具有意義，也就是溝通者必須將對方的身體與動作視為內在生命事件的表達領域。溝通過程發生於外在世界，具有一種逐漸構成某種系列的結構。這種事件系列被溝通者當做一個詮釋架構，以供接收者進行適當的詮釋。溝通者的內在時間經驗流與外在世界發生的事件具同時性，所以溝通其實建基於雙方於不同時間向度下的同步參與（Schutz, 1964: 177-178）。這種溝通過程的一個關鍵在於，彼此校準與相互適應時涉及一項重要工作，也就是溝通者須能將對方表達的象徵，指涉為內在經驗的展現，易言之，互動雙方必須能進行一種由靜態的外在象徵，轉變成動態的內在能量之轉換工作，當溝通與互動的過程只停留於名詞化的概念時，雙方很容易視彼此為符號化的他者，而唯有進一步轉變成能量後，才可能經歷彼此的內在經驗進而建立「我們」的感覺。這點或可提醒我們留意研究過程中的互動，由於閱聽人研究總是研究者和研究對象的互動過程及產物，因此閱聽人概念作為一種象徵、代名詞、或說明工具之餘，是否能進一步成為思考及想像的潛能，應是閱聽人研究論述值得注意的事。

事實上，閱聽人概念多被當成一種集體代名詞，這種情形係源自研究者的意向作用，研究者藉由研究領域內的知識過程而建

構出閱聽人，這是一種高階認知活動的產物，亦是一種高度合成的結果。這種閱聽人是一種集合概念，集合概念的重點不在其內容而在於形成集合的主觀活動，因為前者可以產生無限變化，而唯有後者才促成集合概念的產生，所以這種概念也反映了研究論述者的主觀意向促成建構過程的進行，並產生統合式的理解。無論如何，誠如前述，閱聽人概念具有多重面向的意涵，可為閱聽人研究開展不同的思考及探討空間。以上的討論旨在了解閱聽人研究的相關概念問題，至於它們所屬範疇及背後的認識架構將在下一節探討。

第二節　閱聽人經驗的關係性

閱聽人概念仍存在相當程度的模糊性，如欲藉由討論概念而試圖釐清其中內涵時，則不免須進一步探討閱聽人概念的基礎，由於概念之形成與使用的前提涉及範疇建構，因而有必要了解閱聽人概念所具有的範疇意義。

一、範疇及認識架構

範疇（category）是最終的或基本的區別及種類[10]。長久以來，有關範疇的探討多擺盪於兩端，其一，找尋世界內事物之間的區

---

[10] 探討範疇的方式主要有二，其一，依據邏輯而建構類型理論，並認為不同「類型」的事物不能放置到同一種類中，進而以此來區分世界。事實上「範疇」與「類型」有時被當成同義詞使用，然而範疇不同於一般類別在於前者是最

別；其二，找出人們思考或談論世界之方式間的區別（Lacey, 1996:
38-41）。這兩種情形的共同難題都在於，不易認定何種區別才算
是充分的與基本的區別。簡言之，範疇旨在進行區辨及分類，這
種區別可針對事物，也可針對思考事物的方式，前者強調世界的
基本類型建構，後者著重語言思維與陳述，但二者經常互有關聯。
換句話說，世界內的事物在被認識的過程中，會由於認識者的認
識方式與思考方式而被區別成若干基本類型，並被當成世界內事
物組成成分的必要條件或充分條件，而這些基本類型又再度成為
人們用來組織、認識、與分析事物的方式。更重要的是，由於人
類所有的認識皆須藉由語言來進行與呈現，所以範疇的區辨及運
用在語言層次上的表現便成為理解世界的一個判斷依據，範疇如
同結構性的認知模式，是知覺經驗的基本結構，引導出認識方向
與認識結果。

　　從現象學的觀點來看，知識累積是一種連續之流，它的範圍
與結構時有變化，任何附加的經驗都會使之調整、擴大、及充實。
人類經驗藉由指涉特定時刻的知識累積，便可透過認知的合成作
用而以相同、相似、近似、或類同等形式而與過去經驗產生關聯，
因此既有的知識累積被當成詮釋架構，進而產生具代表性及典型
的經驗，誠如胡賽爾（Edmund Husserl）指出，所有對形式的認
識與確認，皆基於對這些客體類型或其凸顯之典型形式所產生的
一般性知識[11]，每種類型都具有已被經驗過的典型形式，而這種

　　終的與基本的；其二，建構範疇學說，旨在將事物區分成非重複的群體，以
　　便能進行有意義的陳述（Lacey, 1996: 38-41）。
[11] 這裡強調典型的經驗，但嚴格而言，每個經驗都是獨特的，甚至重複出現的
　　經驗亦非真的相同。這兩種看法並不衝突，因為個體的日常經驗經常同時具
　　有獨特性與典型性。

典型形式的認識本身就是知識累積的一個要素。換言之，人們對世界的經驗自始就不是充滿各種感官資料之嘈雜混亂的景象，亦非呈現彼此無關的孤立客體，更不是脫離脈絡的獨立事件，而是依其類型以及類型間的典型關係而形成一種結構化現象。當然，這個結構化現象並非固定不變，附加經驗的出現可能造成個體之興趣與關注的改變，而這種變化又會影響知識累積的結構化，並使之分化成數個清晰程度不同的領域，前述興趣與關注的任何變化都會擾動這些領域，進而重新分配人們的知識，例如一些原屬於邊緣領域的要素可能進入清晰明確的核心領域，有些則移向更為模糊的領域；甚者，還可能影響分類系統，並據此改組人們的知識累積（Schutz, 1964: 285-287）。由此觀之，範疇所指區別事物的方式以及區別思考事物的方式，皆屬經驗與認識的結構化現象，所以範疇既是一種認識架構，也是一種詮釋架構，影響觀察事物的方式與結果。接下來將討論閱聽人概念論述所植基的範疇基礎，也就是上一章引用懷德海範疇總綱而發展閱聽人經驗的範疇建構。

前面提到閱聽人研究的相關概念論述中，有些屬於對象隸屬之範疇及存在狀態，若從這些範疇進一步透視背後的認識架構，則可大致將之區分成三大部分，第一，針對閱聽人研究的基本對象，第二，著重閱聽行為與現象的運作形式，第三，強調這些運作形式的運作基礎。這一節先探討第一部分，第二與第三部分則於第三節中說明。

二、關係內的構成元素

　　首先必須強調，閱聽人研究的基本對象並非孤立的對象，因此即使在探討研究對象的個別或獨特現象時，都必須注意這種被抽離關係的個體，最終應置回原有的關係，以觀察它們在關係內的狀態。

　　在閱聽人研究的基本對象方面，閱聽個體及群體都是主要對象，但實際上所謂閱聽個體，許多時候並非真的針對完整的個體，而是側重某些特定面向，例如認知、態度、需求、框架等等。至於閱聽群體可能是家庭、青少年、迷群等等，但也多凸顯他們和特定媒體的某些關係層面，例如使用電視或網路的情形。這種探討方式猶如在閱聽個體或閱聽群體原本接觸和使用多種媒介、並產生多種經驗之複雜且多面向的過程中，抽取某些部分予以單獨處理。此種操作固然便於觀察及分析，然而懷德海曾指出：

　　　　任何現實脈動的資料皆由與該脈動相關之先前宇宙的全部
　　　　內容所構成。這個宇宙係以其繁雜多樣的細節而呈現。這
　　　　些繁雜多樣便是先前的脈動，同時也還有各種形式停泊於
　　　　事物的性質中，這些形式包括實現的形式或實現的潛能。
　　　　（Whitehead, 1958: 121）

如果閱聽人確實在其日常生活中與多樣的媒介與內容產生多種關係，則這些關係的彼此互動都可能影響每一個別關係的形式與內涵，如果抽離了這些複雜及動態的關係，將使研究論述下的閱聽人經驗變得較不真實，也較無法充分說明其中的緣由與意義。

　　另一方面，閱聽人的客觀行為及主觀經驗也都是閱聽人研究
想要呈現的面向。許多研究論述係以閱聽人的客觀行為做為基本
對象，而也有不少研究強調閱聽人的主觀經驗才是了解閱聽人的
主要關鍵，並經常分別以客觀行為與主觀經驗內的某些層面做為
基本事實。但是客觀行為必須從主觀經驗的角度來看，才能使其
意義更為完整，因此二者如同一體兩面，無法徹底分割。又例如
這些閱聽人的行為及經驗常被用來說明閱聽人的主動性或被動
性，並常以二元對立的方式來處理主動及被動，形同將原本相關的
現象予以孤立隔離。然而在個體的真實生命經驗中，總是交疊著各
式異同程度不一的若干元素，它們隨著生命發展而在變遷中相互
牽連，這種基本元素便是懷德海所指的事件或現實物，他認為：

　　　　自然的具體事實就是事件，它們在彼此的關係之間，以及
　　　　在它們自身的性質內，展現出一種結構。科學的目標便是
　　　　依據具備這種性質之事件間的相互結構性，而去表達這些
　　　　性質之間的關係。事件之間的相互結構關係兼具空間與時
　　　　間層面。（Whitehead, 1978: 167-168）

雖然事件是流動的，然而這些真實而變動的事件往往以抽象概念
的形式而被認識及討論，懷德海並不否定這些抽象概念的價值，
他也認為永恆對象及命題皆在科學知識發展中有其重要性與貢
獻，但他強調不能因此而將抽象與具體混淆。同理，在閱聽人研
究中，一些原本只是屬於意符的概念或變項很容易令人視為具體
實際的真實，並將流動的事件凝結於靜止的、固定的、與確定的意
符中，這種情形使我們失去機會去了解更豐富與變化萬端的真實。

三、關係的建立與發展

懷德海雖然並不主張所有知識皆衍自感官，或以為知識只能被感官予以肯定或證實，但他還是強調客觀真實的知識是植基於主觀知覺的推論。這些認識及感受也促成主體與客體之間關係的產生與維持。

懷德海將攝受區分為物理攝受與概念攝受，前者是對現實物的攝受，後者是對永恆對象的攝受（Whitehead, 1960: 35），概念攝受也包括永恆對象、命題、概念對象之間關係之集結。從某個角度來看，這使得現實物具有雙重性，既是物理的也是心理的，而所謂的歷程發展便包含這些不同形式的感受。另一方面，攝受既是公開的也是私下的，同時還是具體的事實，具有一種知覺的、情緒的、因果的、或目的之性質。公開的攝受乃調和於現實物之間的關係，私下的攝受則是加諸於現實物之上的主觀形式。這種情形說明了個體和外在世界的關係總是必須某程度地適應於外在世界的物質性，但同時也對外在世界賦予主觀意義。這種觀點相當於在客觀主義及主觀主義、唯實論與唯名論之間採取折衷立場。

閱聽人研究中對閱聽人經驗的了解必須建立於對這種關係的掌握，因為閱聽人兼具主動與被動的特性便是展現於這個最根本的層次，所以必須詳細理解閱聽人如何在其特定情境內和媒介及周遭事物之間進行這種相互作用的過程，並由此觀察這種歷程所展現的共同成長性質。閱聽人在其日常生活中透過媒介與其他社會聯繫而型塑自身和環境的關係，這些型塑過程充滿程度各異之主動及被動形式的意義構成活動。誠如凱瑞（James W. Carey）強調：

> ……意義並非再現，而是一種構成的活動，人類藉此互動
> 地對一個具彈性的、但也是阻抗的世界賦予足夠的連貫性
> 與秩序，以便支持人類的目的。他們如此作所憑藉的施為
> （agency）當然是再現，然而並非只是世界的再現。這是
> 以更大的象徵力量去描繪他們想要描繪的世界。……使我
> 們能藉由象徵而產製世界，並在世界內從事抗拒。（Carey,
> 1992: 85）

人們在認識及理解世界之際，也同時對自身和世界的關係賦予某
種說明，這些說明中蘊含著實踐的可能性，促使自己與世界之間
形成更進一步的對應關係。也由於閱聽人總是在特定情境定義下
去接觸及使用媒介，因此個體必須對其中相關要素進行組織及整
合，因而讓閱聽人的媒介使用如同一種接合劑，將個人世界（身
體與意識）、外在世界（物質與非物質的）、媒介世界（內容與
形式）予以連結，並為這些要素賦予關係及秩序。

　　一般而言，閱聽人的活動除了個人行動，也包含許多群體的
活動，不管是主動或被動，人們由於普遍地接觸媒介而使閱聽行
動成為一種社會現象。眾多個體由於使用媒介而發展成「閱聽眾」
──一個普遍的與常識化的名詞，這個名詞可能代表一種大眾
（mass），也可能代表一些詮釋社群。閱聽人因媒介而群集成被
認為具有重要性而受重視的群體，儘管他們可能分散且匿名，但
由於閱聽人群體涉及的重要性包括政治與商業方面，因此成為現
代社會中無法忽視的一種群眾。

　　集結（nexus）的一種形式是雜散（multiplicities），它們只
是眾多要素形成的無組織性堆積（例如大眾），不過雜散未必全

然屬於負面現象,至少它們潛藏著可加以組織、整合、及動員的可能性。雜散可藉由攝受而發展成對比(contrasts),這是一種較有意義的聚合,先前屬於分散雜亂狀態的現實物因而產生方向、目的、與意義,成為一種更豐富的存在。對比並非現實物的終點,它所代表的綜合狀態將與先前狀態及其他元素構成新的對比,形成對比的對比,如此持續演變至另一個層次的綜合狀態。這點可以從兩個方面來看,包括閱聽人的對比經驗以及傳播社會的對比發展。

首先,在閱聽人經驗的對比層次上,閱聽人在和媒體的接觸及使用中,透過感知而將媒體傳遞的聲音、影像、文字、各種訊息刺激等加以組織成有意義的經驗,且隨著媒體使用過程的持續發展,新的綜合狀態跟著形成、新的意義隨之建構。在閱聽人經驗動態發展中的共同成長(concrescence)、在集結而形成的對比中,已有建構作用在進行,從而賦予經驗元素新的意義。例如一位閱聽人解讀一則新聞的經驗,是將文本的元素(例如,新聞標題、文字內容、照片)加上個人歷史元素(例如,對該新聞相關事件的過去經驗、立場、成見)、社會關係元素(例如,想要和周遭親友的看法維持一致)、特定情境元素(例如,一個時間不寬裕,必須快速認識新聞事件的場合)等共冶成對個體有意義的認識結果。因此,在閱聽人看似短時間的媒介使用中,已迅速將相關元素予以動員及組織,也可說是對這些元素及關係建立一種秩序。

其次,在傳播社會的對比發展上,包括從閱聽個體到詮釋社群以至公民群體,閱聽人透過對比而共同成長。閱聽人研究可探討這種對比關係,了解如何由差異對比進而形成整體內的多元歧

異，以及如何可能藉由傳播而走向從多到一的過程。又或者如湯普生（John B. Thompson）認為個人能夠經由媒介中介準互動（mediated quasi-interaction）而涵化更大的倫理關懷（Thompson, 1995），後者有如更大範圍的攝受及對比。或者如同新媒介之所以能夠協助建構網路社群，乃因必須建基於促成對比與共同成長的歷程。

　　但是媒體也有可能破壞原本應該發展的攝受活動，使一些訊息之間無法建立連結，或讓閱聽人難以指涉及感知他者，因而無法建立對比關係。譬如媒介奇觀（media spectacle）雖吸引了許多民眾的大量注意力（Kellner, 2003），但常誤導或扭曲人們對他者的認識，或使人們無力注意他者，因而讓閱聽眾一直處於分散狀態，干擾意義銜接的機會，致使所接收的眾多訊息欠缺方向及目的。在此處境下的閱聽人只能成為大眾，無法扮演公民角色，因為所謂公民必須具有對比能力、總是指涉及關注他人、有能力發展出對他者的責任意識。然而過度市場取向的媒介，旨在透過滿足閱聽人的自我耽溺而達成追求利潤的目標，因此無法或少有可能促使閱聽人與公共事務和廣大社會之間產生有意義的聯繫。

　　換言之，閱聽眾有可能成為無力與非反省的大眾，但也可能朝向各種詮釋社群之發展，所以這些集結群聚的現象應成為研究論述必須注意的基本對象之一。以閱聽人及其活動、以及所造成的集結來看，這些個體皆擁有程度不等的感知及行為能力，這種能力包括最基本的選擇、識讀、批評等行為；也可以涵蓋詮釋社群所蘊含的集體能量。事實上，就閱聽個體的知覺過程而言，即使是一般被認定為被動的閱聽人也具有基本的知覺與認知能力，這些皆可被視為閱聽人內含的純粹能量與潛能。

第三節　閱聽人經驗的歷程性及其基礎

懷德海以歷程來說明人類經驗，這種歷程涉及各種相關元素的共生與持續發展，所以對每個處於歷程的元素而言，個體的性質源自和該過程內其他元素之間的相互影響，進而走向遞變的動態發展。

一、經驗的歷程性

如果以懷德海式的觀點來看，則關於閱聽人行為與經驗的運作形式，在研究者的觀察、說明、與解釋中，應該包含相關性（relativity）、過程性（process）、與因果關係（causation）等方面。

首先在相關性方面，構成「閱聽人」此一角色或身分的因素及經驗通常是多樣而複雜的，並且這些因素對閱聽人所造成的影響，並非僅止於這些因素本身的個別影響，而往往是和其他因素相互牽扯，進而合力促成閱聽人特定經驗形式之產生。因此抽取個別元素來觀察和說明，必然遺漏前述互涉關係所具有的意義與價值，只能對閱聽人經驗形成片面的認識及詮釋。例如閱聽人對一則電視新聞的感知與認識，並不只是源自對聲音或影像訊息的解讀，而是還融合了對該則新聞的涉入程度、對新聞事件重要性的判斷、對主播報導形式的評價、對新聞整體風格的審美感受、閱聽人自身的預設立場、人際關係、社會位置、當時社會環境等等眾多因素。如果詳細觀察，可發現閱聽人對一則新聞的解讀形

式及經驗結果，其實召喚了許多環繞其生活周遭及生命歷程的點點滴滴，個人不僅只是解讀一則新聞，而且也同時再度詮釋了個人自我、再度建構自我存在的樣態。所以閱聽人的解讀及經驗不只是認知的、態度的、或行為的，而是全面的、整體生命的。個人不是純粹以「認知」去面對媒介，也不會單獨以「態度」去接觸文本[12]，而是以完整的一個人去經驗媒介及其內容。

再從另一個角度來看，如果將閱聽人相關的各種因素或變項納入說明範圍，並觀察這些因素與項目的共同變化情形，則可能聯繫微觀與巨觀、主觀與客觀、施為與結構、原因與結果、過去與現在等各種層面。如此可從閱聽人身上看到社會歷史的縮影，也可能觀察到個人生命與整體世界之間的某些關係。

至於過程性的探討主要著重上述因素與變項的變化歷程，強調逐步發展的變遷或轉變（becoming），以懷德海的觀點來看，過程性包含微觀與巨觀，皆存在「一到多、多到一」的變化，他強調：「『存在』無法抽離於『過程』。『過程』與『存在』觀念彼此預設著對方。」（Whitehead, 1958: 131），這種過程是「存在的本質，也是自我決定的過程」（Whitehead, 1958: 131）。在此過程中，事件或現實物因為彼此攝受而形成對比，現實物由於永恆對象的契入而實現了對象的某些潛質，也使現實物獲得某種

---

[12] 筆者過去執行閱聽人研究時（盧嵐蘭，2007），試圖了解閱聽人之媒介習慣及閱聽經驗的建構過程，發覺閱聽人總是某程度地處於某種世代交接的脈絡內，雖然隨著個體年齡增長而會逐步發展自己特有的媒介習慣，但卻無法完全不受到歷史傳承經驗的影響。這種現象讓我們可以進一步去探索其中涉及的許多因素與條件，讓閱聽人呈現更豐富的面貌，也愈能感受到閱聽人作為一個完整生命個體的存在方式。

確定性，這種關係都不只是單向或片面的，而是多種事態之間的共生與共變過程。

　　閱聽人研究者可以追溯這種過程在閱聽個體乃至傳播社會的發展情形，在閱聽人個體層面，閱聽人經驗可能伴隨著生命階段的轉變、社會位置的轉移、社會環境的變遷而改變；而從整體社會來看，也由於閱聽眾的行為與經驗形式之演變，而促成社會、文化、政治、經濟等層面的變遷。個人與社會的聯繫便在於這種歷程發展涉及之多重的、多向度的、與相互的牽連與影響。特別是傳播媒介具有建構想像的共同體的力量（Anderson, 1991），這使得個體透過使用媒介而建構社群意識之際，亦因此而擴大或強化自我認同及社會認同。誠如湯普生（John B. Thompson）所言，傳播媒介促成人們發展一種集體命運的意識，創造一種超越地方社群的責任感，並在一個更廣泛的層面上形成共享關係，傳媒能夠促使更多的人將關懷遠方他人當成日常生活的一部分。易言之，傳媒有可能促成休戚與共及互賴共生的意識、涵化一種新式的道德及實踐、擺脫種族中心主義與時空限制，這種能力得以超越當下情境的因果關係而去進行更寬廣宏觀的判斷，同時，這種道德及實踐能為人類行動提供某種理性指引（Thompson, 1995: 263, 264-265）。如果說這種觀點代表一種理想及樂觀的期望，但與現實社會可能尚有距離，那麼也可探討是哪些因素阻礙了朝此方向發展的可能性，進一步去了解在個人及社會的變化過程（becoming）中，原本應該發生的共同成長關係如何在某些條件下受到怎樣的壓抑。

　　晚近一些學者論及世界主義（cosmopolitanism）時，也多強調人權、民主、與文化多樣性必須擴及全球範圍，而實現此種追

求的條件之一便是必須涵化一種深刻自省及感受他人的能力，進而形成一種開放與彈性的存在方式（Smith, 2007; Fine & Boon, 2007; Beck & Sznaider, 2006; Delanty, 2006; Szerszynski & Urry, 2006）。這些發展必須有所憑藉，而其中之一便是透過傳播媒介去聯繫廣大的閱聽人，至少傳播媒介具有這種可以開發的潛能。

懷德海以其機體哲學（philosophy of organism）的立場而強調人類經驗發展具有一種複雜的、互動的、錯雜而不凌亂的、歧異多元的型態，其中蘊含多種構成因素的對比過程，因此探討一個過程便是要了解相關構成成分如何在彼此互動或牽制下所出現的轉變。此點對研究閱聽人及傳播社會而言應有其價值。

懷德海強調經驗流，認為由於這種連綿不輟的經驗性質，所以個體對因果關係的認識並非是外於經驗的，亦即人們在經驗中直接掌握了因果性，同時也在這種渾然一體的經驗中，各個構成元素皆因隸屬於共同成長過程而具有多重原因。這種觀點促使在集結之表象下去尋求多種因素彼此聯繫的方式與共同變化的過程，因為它們可以相互成為對方的原因及目的，彼此構成互為因果的關係。換句話說，每個元素都可能是其他元素之所以變化（becoming）的動力來源，也因此每個元素的變化皆實現了其他元素的某些潛質，而且這種關係是相互性的，因此這種關係也像是伊里亞斯（Norbert Elias）所指的沒有絕對起點的過程（Elias, 1987）。過度強調最終原因便猶如將變化過程化約至某個固定的點，彷彿以一種人為方式把流動的生命凝結成靜止的標本。

近來一些閱聽人研究趨向日常生活脈絡的觀察與探討，也就是試圖貼近及了解這種綿密網絡交織下的閱聽人經驗，日常生活在看似平凡、瑣碎、重複的表象下其實綰合了許多彼此牽連的因

素，而閱聽人的媒介使用過程也涉足其間，和其中許多因素相互
交錯與滲透，因此探討個體的媒介經驗時必須了解媒介使用如何
與其他日常活動相互促動或牽制。「閱聽人」本身就代表著眾多
因素的集結，唯有這些因素的交互作用才可能形成做為閱聽人的
經驗。所以，此處的因果性不同於線性因果，而是交互循環的影
響，閱聽人的媒介使用可能影響其消費、休閒、工作、學習，同
樣的，後者這些活動也可能回過頭去影響媒介使用。此外，主觀
因素與客觀因素也經常交互牽引，例如個人品味及消費能力往往
迂迴地扣連，經常難以判定何者才是最初始的原因。

二、歷程經驗的基礎

懷德海在義務範疇中提出九種範疇，其中屬於客觀層面的有
客觀的同一性、客觀的分殊性；屬於主觀層面的有主觀的統整性、
主觀的和諧性、主觀的強度性；論及概念層面的是概念評價、概
念翻轉、轉化；以及最後的自由與決定。若由此來探討閱聽人經
驗，則可用來說明四種運作基礎：客觀現實、主觀經驗、概念發
展、以及自由／決定原則。

「客觀現實」是指在客觀面上，各要素皆具有自身的同一性
及獨特功能，所以它們是多樣性的、無法彼此化約、屬於事物變
化過程的客觀性質。這也意味著對比之融合並非造成同質化，其
間必然保留某些差異與分歧，此係許多生態關係常見的現象。多
種要素呈現出分殊與歧異，雖乍看之下雜然俱陳，但它們之間可

能存在功能互補，各自擁有無法被完全替代的價值[13]。這種現象也出現於傳播社會，閱聽眾由於接觸及使用媒介而產生群聚現象，固然會形成某種具有共同性的社群，然而也同時出現分殊的小眾與分眾，所以群聚並非造成絕對的一致性，而是出現許多小群體，這些小群體自有其內部的相對一致性或認同，而不同群體之間的差異又促成社會文化的多樣性。在閱聽人的媒介使用及閱聽習慣方面，多數人都擁有若干經常使用的媒介對象與內容種類，並可能配合不同生活環境而發展出不同的閱聽習慣，許多人可能同時擁有數種使用形式（例如工作日的媒介使用形式、假日的閱聽習慣、出門在外的媒介使用、在家時的閱聽行為、平常時期的媒介使用、發生重大事件時的媒介使用方式），它們各有其功能（包括資訊性、娛樂性、或社會性等），人們依據情境及需求的轉變而採取不同形式的媒介使用習慣，這也是屬於客觀的同一性及分殊性。

「主觀經驗」指主體的各種感受可依主體目的之統整性而整合，同時每種感受依其和主觀目的之一致性而獲得某種重要性，並且感受的強度也會因主體的目的而改變。懷德海在義務範疇中所敘述的主觀性質正是知覺過程的基本特徵，包括組織性、一致性、與選擇性，亦屬個體建構真實之過程所必備的感知特性。閱聽人對媒介的經驗是一種統合性的建構結果，基於閱聽人的興趣、偏好、品味、態度、價值、需求、動機等而對所接觸與使用的媒介及其內容予以組織，並在組織之際還可能同時參照外在客

---

[13] 這種看法雖然類似於傳統功能論，可能被認為重蹈功能論的缺失，這裡承受此種風險的目的在於強調差異與獨特性對形成生態社群的意義，每個組成皆具有不被襲奪的價值，也意味著每個組成都獲得他人的尊重與肯定。

觀條件而進行主客觀之間的協商。另一方面，這種組織過程奠基
於個體的基模對新舊資料進行對比而有所取捨，並調整原有基模
內容。閱聽人藉由這些主觀歷程而產生一個可理解的及有意義的
世界圖像，並確立個體擁有某程度的主動性而成為真實的建構者。

　　許多閱聽人研究致力於探討人們如何解讀及使用媒介，如何
將媒介經驗聯繫於自我及認同（e.g., Ang, 1985; Radway, 1984;
Turkle, 1995; Bailey, 2005），因此得以了解閱聽人即使在一些看
似瑣碎的媒介使用行為中，都可以為自身生活及生命尋求意義；
有些閱聽人研究被認為過於高估閱聽人的主動性，但如果從真實
建構與意義詮釋的層面來看，則個體總是主動的。不過更重要的
是，這種主動性不應孤立視之，而是要探討個體如何在和外在因
素的相互指涉下共同發展，如此閱聽人的主動性便不致於被過度
放大而失去實際意義，因為值得觀察的主動性應是個體面對障礙
和阻滯時與之擷抗的交手過程，以及在必然有所得失之下的應對
方式。

　　「概念發展」是指對現實物的感受及對概念的感受之間能夠
相互為用，並進而發展出概念的多樣性，且能夠集結而整合成更
新層次的概念感受。這意味著雖然懷德海強調具體的經驗，但仍
認為具體與抽象的互動是對比歷程中的重要基礎，在人類經驗過
程中，必須藉由攝受及契入等活動而改變或提升既有的經驗與認
識。同理，閱聽人的理解與認識基礎除了上述經驗特性外，也須
仰賴這種概念發展過程，在不同認識層次之間形成對比及綜合，
人們對媒介的經驗隨著概念發展而益增複雜與豐富，同時這些概
念也會影響對具體事物的認識及經驗方式。例如閱聽人在閱讀新
聞時，必須從每個單一訊息而發展出對整體事件的了解，也從整

體去認識其中個別訊息的意義，更必須借用既有的認識框架進行
詮釋，同時聯繫至對其他相關事件的了解，加以比較與綜合而形
成新層次的認識。

　　閱聽人經驗的最後一項運作基礎便是自由／決定原則，這是
指現實物之變化歷程同時具有自由與決定的性質，主體在攝受活
動中有其順應性，但也能夠超越及轉化，以懷德海式的觀點來看，
主體終究具有最後的決定力量，雖然這種力量依然受到其他因素
的影響。這種觀點避開了絕對性的主張，若放到閱聽人研究領域，
則閱聽人既非完全自主亦非全然被動，個體固然具有主動及施為
的能力，但人們的認識與經驗過程必然在某程度上受客觀現實之
拘限，所謂閱聽人的自主選擇、主動詮釋、與批判抗拒應是在特
定條件下的表現，我們不能抽離情境及條件來觀察閱聽人的各種行
為及經驗，也應了解主動及被動混雜的閱聽經驗才是真實情形。換
另一個角度來看，主體的自律與他律並非互斥，主體不必是理性
中心的（logocentric），不致因未能維持完整的理性主體，遂遽然
瓦解破滅（Poster, 1995）；人們總是處於面對不同的主客觀條件
而改變自律及他律成分的變化歷程中，並與其他現實物處於相互
主體及相互客體的關係，如此主體便有更多元發展的可能性。

本章小結

　　閱聽人研究常呈現切割零散的閱聽人，或是針對閱聽人的認
知、或是鎖定閱聽人的態度、或是報紙的讀者、或是電視的收視
者，這種探討方式只能呈現閱聽人的一部分。固然科學研究常是
一種拼圖的過程，然而此處可能遺漏的是，閱聽人的經驗必須從

這些各部分或各組成之間互動所形成的整體性與過程性來了解。本章引用前一章述及懷德海的歷程哲學，並以範疇總綱作為發展架構，進一步論述閱聽人研究中關於閱聽人概念的問題。主要目的在嘗試援引範疇總綱來思考與詮釋閱聽人概念，並探索據此而建構閱聽人概念範疇的可能性，以便涵蓋閱聽人經驗的變動性、多重性、複雜性、矛盾性。閱聽人研究的基礎之一應是探討閱聽人經驗的特性，這個問題往往由於閱聽人常涉及主動／被動或施為／結構等議題而有不同看法，然而誠如許多學者已指出，二元對立的思考可能無法掌握真實經驗中的多元融合與渾然一體，同時忽略個體在所處變化歷程中遭逢各種異已而進行對比、協商、折衝、並與之共生的經驗過程。

第六章　閱聽人研究的歷程取徑
與閱聽人潛能

　　在當前媒介日益飽和的環境內，閱聽人應能發展出更具寬廣視野及全球關懷的態度，然而這種可能性經常被阻斷，箇中原因部分源於媒介的不當表現，部分亦由於閱聽人的概念說明仍過於狹隘，使閱聽人經驗的潛能未能產生較大的啟發及開展。前兩章的說明及討論主要強調在規範性的觀點下，閱聽人應能擁有多種能力，它們包括認知能力、道德能力、欣賞能力、與想像能力。如果從歷程觀點來看，閱聽人會不斷和其他元素處於相互對照與彼此聯繫的關係中，因此閱聽人並非只是使用、接收、和解讀媒介的個體，而是一直處於關係中的成員，透過這些綿延擴散的關係網絡，閱聽人有可能成為能夠進行廣泛對話的世界公民，因為經由對比、聯結、與共同成長，閱聽人得以發展出一種存在方式、一種關注他人的心態、以及一種面對全球與世界的能力。本章進一步討論這種能力的形成過程，並強調此種能力植基於個體作為社會關係中的成員身分，同時這些關係必須是互惠的而非支配的關係，而且這種互惠關係將伴隨產生自由、責任、倫理的性質。

第一節　閱聽人即行動者

探討閱聽人能力必然涉及「施為」（agency）的概念，社會施為者（social agents）一詞強調現代社會中的人具有某種行動能力，也就是能夠確認自己的社會利益（雖然可能是以不完整或鬆散的形式），以及能夠在社會環境中提升這些利益的權力。固然環境會限制行動範圍，但環境亦受行動的影響與修改（Fiske, 1996），因此個體總是在面對環境時產生程度不等的拉鋸現象。另一方面，個人在這種角力與拉鋸過程中所擁有的力量必須被認識及闡明，這些說明不只是論述，因為被論述的對象會受到該論述的影響，論述具有型塑及建構的影響力，所以閱聽人研究涉及的主體論述應進一步檢視。

對閱聽人概念論述而言，其中必然包含對閱聽行為者的描述與說明，這些說明也關係著閱聽人概念論述所可能形成的社會意義與影響。這些說明的其中一點便是將閱聽人視同行動個體，因此涉及如何處理關於個體或行動者的問題。有關行動者的討論主要源自對人類與環境之間關係的各種觀察，這方面的看法多有分歧，各異其趣[14]。此處特別強調以互動的、關係的、網絡的、及

---

[14] 如何看待個體和環境的關係是個經常被討論的課題，人們也常採取不同立場而產生不同結論，其中許多討論皆可從所立基的心理學主張而看出所持立場，例如採取早期的行為主義固然常遭嗤議；但認知主義亦被指責過於著重內在世界模式與語句假定；而聯結主義雖被認為已放棄語句假定，但仍使用內在世界模式；另外又有所謂生態心理學則可能過於強調環境具有自足結構；至於較具現象學精神的則包含論述心理學（e.g., Edwards & Potter, 1992;

歷程的觀點來探討行動者，因為這些特性正是我們前面藉由探討懷德海歷程哲學所凸顯的人類經驗性質，其中亦彰顯行動者的行動能力。探討此一課題應先說明若干相關概念，這裡先針對理性能力、認知能力、道德能力、與自主性等概念加以敘述[15]，以便替閱聽人作為一種行動者之觀點強化概念基礎。

　　個體做為行動者的最主要前提及特性之一便是能夠認識環境，而且這種認識並非散漫與零亂，個體能夠藉由經驗累積而發展出具有某種組織性與秩序性的認識方式及認識結果。事實上，個體感官經驗的內容大部分決定於感官經驗之典型的與常態的過去歷史（Pendlebury, 1994），也就是行動者大多憑藉典型的與常態的感官經驗內容以進一步引導其他認識過程，換另一種說法則是，行動者具有發展認識架構與詮釋架構、以及對經驗賦予類型化（typification）的能力，這些能力對個體而言具有必要性，因為如此方能在日常生活中更容易去應付或處理許多紛雜的刺激。

　　對媒介使用者而言，這種類型化也成為面對媒介文本時的一種理解形式，例如一位觀賞者之所以能夠了解藝術作品的再現，必須是觀賞者夠能在對作品的經驗以及對再現對象的感知之間具有相似性，並能以作品特有的風格來觀看作品（Carney, 1993），

Parker,1992; Shotter, 1993a, 1993b; Harré & Gillett, 1994），以及所謂的互動主義心理學（Preston, 1993），它們皆強調個體與環境的互動與關係，這種觀點應較能說明行動者的真實情形。

[15] 長久以來，對個體的哲學探討往往游移於決定論與自由意志兩極端之間，一般而言，其中涉及個體的理性能力、認知能力、行為能力、道德能力等層面的說明（e.g., O'Connor, 1993; Smith, 1995; Stein, 1997; Radden, 1994; Feldman, 1995; Sherman, 1993; Vogel, 1993; Conee, 1994; Gibbard, 1995; Scott-Kakures, 1993; Oddie, 1993; Rainbolt, 1993; Pendlebury, 1994; Carney, 1993）。此處借用這些論述來思考關於閱聽人範疇的規範性內涵。

所以觀賞者的能力展現於能夠了解文本、文本再現的對象、以及
文本的型式風格,並能於三者間形成相似性的經驗。然而這種熟
悉感並非天生,而是由於經驗累積的結果,因此所謂了解,就是
必須能夠和過去經驗之間建立某種連結。雖然傳媒能夠為閱聽人
建立這種連結,但這種連結也可能被切斷或遮蔽(例如媒介未能
提供相關線索或背景資訊),以致閱聽人無法產生真正的了解,
因此可以說,閱聽人對相關的經驗對象具有形成詮釋架構及類型
化的潛能,然而這些潛能未必獲得充分發展。

　　行動者不僅只是認識環境,還必須從事活動,為了讓所有行
動者皆能擁有活動的可能性,必須以一種秩序來做為行動界限,
同時行動者也應能認識與接受此一具有秩序的世界,這代表著負
責的行動者能夠以自我形成的價值來管理自己的行為,這種行動
者具有理智的自我,擁有一種能力來認識與接受這個世界(Vogel,
1993)。雖然這種對秩序的認識及接受可能是規訓的結果,人們
還是必須在所處情境中去接受某種規範性的行動形式,唯應盡量
去建立非壓迫性的秩序,例如對差異、另類、和他者的接納與尊
重,它們有如一種有別於傳統的新秩序[16]。

　　有人指出,理性行動的促因之一為自我評價,也就是理性的
自我反身回顧自己,進行評價,並形成一種願望,希望較不理性
的自我在面對特定環境時能以某種方式行動,亦即理性的自我會
對較不理性的自我提供建議(Smith, 1995)。因此所謂行動者的

---

[16] 固然有關理性的信念存在許多問題,許多討論皆涉及對此問題的不同看法
(e.g., Foley, 1994; Christensen, 1993; Odegard, 1997),特別是後現代主義對
理性概念有著高度質疑與批評。然而如從另一個角度來看,許多爭議可能涉
及如何重新定義「理性」或是擴大「理性」範疇,而非全盤否定理性存在的
可能性,否則這些質疑與批評本身的正當性亦成問題。

理性能力包括具有理性的深層自我，此深層自我能夠對自己的行為產生一種評價活動，以做為行為的指引。由此觀之，行動者能夠認識自我與環境，並對二者的關係進行評估及提出建議，進而對行動進行自我指導，這便產生行動者的自主性。所謂行動者的自主性應包含個體能依據新的資訊及有力的經驗而重新思考，並具有調整或改變方向的能力，這種改變能力極為重要，因為這就是使個體能夠從事計畫的能力（Radden, 1994）。換言之，行動者的自主性並非只是有所抉擇與堅持，它還包括能夠配合情境及條件的變化而思考如何更改、轉變、及維持彈性，這些改變固然是因應外在條件，但係出自行動者重新思考後的決定，因此依然代表著行動者的自主能力。

　　行動者的認識環境、自我評價、進行活動、自我引導等行為皆受其意志影響，而意志又受其其信念左右，如果行動者不相信某些行動可隨意產生，就不會任意從事這種行動（Scott-Kakures, 1993），所以行動者的行動前提是行動者必須具有相信可產生特定行動的能力。換言之，就某方面而言，行動能力其實正表現出信念強度。不過即使行動者相信某些行動具有可能性，但行動者的活動場域畢竟是一個持續變化的環境，所以行動者必須能夠了解與因應這種變化，誠如前述，行動者必須彈性變通，也就是能夠形成若干策略，這些策略並非要求產生特定的行動系列，而是要求行動者注意的一套條件式指示（Oddie, 1993），具有策略能力的行動者才能在變化不定的環境中臨機應變。然而行動者想要機動地與適當地行為，除了具有行動信念與行動策略外，還必須能區辨何者當為與不當為，也就是能確認與宣稱自己的權利

（Rainbolt, 1993），這種發展權利意識的能力讓行動者的行動信念與行動策略具有正當性。

遺憾的是，行動者的認識能力、自主能力、與策略能力等常被認為植基於行動者的理性特質，並往往將理性與非理性一分為二，崇尚前者，貶抑後者，視非理性為銷毀理性自我的力量而予以排斥。其實，即使認為理性是行動基礎之主張並無須伴隨著否定非理性，承認人類具有非理性並不會使人類成為自我牴觸或自我破壞的個體，因而不必堅持行動者必須是完全理性（Stein, 1997），事實上，有時理性與非理性並非絕對不相容[17]。從另一個角度來看，行動者能夠自我評價與自我調整便是意識到自己行為可能出現不完備的情形，能夠認識與接受這種不完備或非理性便成為理性作用的必然成分，因此能夠承認非理性而不自我破壞，亦屬行動者的能力之一[18]。

然而這種非理性之所以不致成為消解的力量，乃因行動者有其控制力，事實上所謂負責的行為便強調行動者的控制能力，即行動者能適當地確認行動受到行動者控制（Braude, 1996;

---

[17] 人們常以為理性與非理性是互斥與不相容的兩種特性，然而從一些哲學探討可發現這兩種特性經常一起出現，例如「公正」常被視為對立於「偏袒」，但有些情形下即使出現偏袒的態度亦無損於公正性（Jeske, 1997）；又例如「自欺」也常被認為不屬於理性，但進一步探究後可發現所謂理性自我也會有自欺行為（Talbott, 1995）。因此可以說，真正理性的個體必須也必然會認識到理性的非絕對性，若執著於理性與非理性的二元對立，反而顯露出某種偏狹性，所以真正的理性個體必須有能力認識與宣稱非理性之存在，並且不會因此而瓦解理性的空間與可能性。

[18] 例如有些閱聽人雖然常無法自制地想看媒介的八卦羶腥內容，但仍能批評這類媒體表現，也能自我檢討這種偏好的不當；又如有些閱聽人既批判惡質媒體，又愛看這種媒體，出現邊看邊罵的情形（盧嵐蘭，2007: 151-159），這些看似矛盾的行為，可能並非代表閱聽人的不理性，而是反映出理性與非理性之間的較勁。

O'Connor, 1993），而這種負責與控制力的展現又必須奠定於道德知識與道德技能方面的基礎（Gibbard, 1995），也就是行動者能認識自身的理性與非理性，也能基於道德知識而判斷行為的可能性以及是否必須修正，更須能將這些認識與判斷結果適當地應用於日常生活中。由於日常生活是一個複雜及衝突的情境，人們以各種行動追求福祉時可能混淆應該獲得的利益與能夠獲得的利益之間的區隔（Feldman, 1995），所以行動者的道德知識與道德技能旨在協助個體辨識與執行各種不同行動。即使在此行動過程中，行動者面對幾乎無法達成的高遠目標，然而藉由評價、調整、與控制等行動能力，行動者依然可能不斷超越，所以儘管理想目標看似無法凌駕，但在趨近過程中的行動卻是可以突破的（Conee, 1994），此意謂著行動者的潛能包括超越能力，在逐步前進的過程裡，人們可以漸次超越之前的成果。

　　最後，行動者並非孤立或隔離的個體，多數行動者皆處於社會性的情境中，此代表行動者的多數行為都指向他人，也能認識到自己可能成為他人行動的對象，所以個體的行動還植基於一項預期，即自己及他人的行為很可能隸屬於互動脈絡，互動的價值在於形成一種相互性與共享經歷的感受，創造共同時刻與空間（Sherman, 1993）。在互動過程內，人們得以相互認識、了解、接納，形成共識或者承認與尊重彼此的差異、同意彼此的不同意，並可能調整自己的觀念及行動。對於行動者而言，互動能力亦屬潛能之一，包括直接與間接互動，以及經由媒體中介的互動，或透過不同形式的互動，行動者能夠進一步獲得自身發展及變化的可能性。

　　行動者具有以上潛能，這些能力可藉由行動者成為閱聽人而受到激發與實現，人們透過接觸及使用媒介，並經由媒體傳播與人際傳播的相互影響，建立起個人和環境之間的聯繫，由於閱聽人的經驗發展能夠也必須運用前述多種能力，所以在閱聽人建立與外在世界的連結中，也同時一再增強自身的潛能。套用懷德海的觀念來看，也可說是閱聽人在對媒體、環境、他人、與自身的關係上，皆有相互指涉及共同成長的可能。因此成為閱聽人並非只是維持和媒體的關係，更是發展和更大社會世界的聯繫；雖然許多時候，閱聽人並未被明顯期待這種發展方向，甚至經常成為被指責或保護的對象，固然其中部分是由於資本主義社會中若干媒體的不良表現，不過也可能部分源於閱聽人概念論述的內涵不足及某些偏倚。在日益全球化的趨勢下，人們被期待應走向世界公民與全球關懷，傳媒在其中可以扮演重要角色，因此閱聽人的能量必須成為一個重視的課題。

第二節　閱聽人的歷程性與世界性

　　生活於當代社會的人們將日益成為閱聽人（不管是何種媒體及媒介內容的閱聽人），同時，現代的閱聽人也縮合了個體作為公民與消費者的角色，這種閱聽人形式（結合公民與消費者）將成為探討未來社會發展時，特別是在全球化與世界化趨勢下，思考行動者／閱聽人、媒體、與世界之關係的概念基礎之一。

一、世界性與行動者

隨著全球化引發的討論日益頻繁及熱烈，世界主義（cosmopolitanism）成為一種相關的思考及探討方向。目前雖然有許多關於世界主義的看法，但大抵環繞於政治、道德、及文化領域的變遷及轉型，並在闡述世界性理想時以追求全球層次上的正義、民主、和文化多樣性為目標（Smith, 2007）。這些討論所指涉的世界性包含對多種不同地方、人群、與文化的認識及欣賞，世界性的特質與實踐涵蓋以下現象，例如：多重的流動性（指人們有能力在身體、想像、與虛擬層面去「旅行」）；能在許多地方與環境進行消費；對許多地方、人群、與文化產生好奇並試圖認識；願意去承擔因接觸「他者」而可能產生的風險；能夠描繪出自己的社會及文化，並能以審美方式去省視與判斷各種不同的自然、地方、與社會；能解讀各種他者的影像、了解他們再現的意義；一種對其他人群與文化的開放性，以及一種意願及能力去欣賞「他者」的語言與文化（Szerszynski & Urry, 2006: 114-115）。

以此觀之，世界主義一方面試圖描述晚近全球化社會變遷及晚期現代性所展現的特性，另一方面企求思索其中可期待的行動方式。在此蘊含著世界性的想像，這種想像更加關注於開放性與社會轉型，認為社會是一種自我構成的持續過程，亦即社會與文化經由反身與多元化而形成內在轉型，同時也強調在自我、他者、與世界的交互作用中，世界性的過程方得以發生。所以可說世界主義具有巨觀與微觀向度，巨觀方面著重探討兩個以上的社會產生互動及歷經現代性模式的變化；微觀向度則關注個體施為與社會認同（Delanty, 2006）。這種觀點下的世界性公民由於流動、

開放、轉型的社會而發展出特殊的心理及行動方式,並進一步促成更大範圍的社會互動及社會轉變。

雖然世界主義與全球化有關,但社會學者貝克(Ulrich Beck)及一些人指出兩者差異之處在於,全球化係發生於「外面世界」的某些事情,而世界化(cosmopolitanization)則是由「發之於內」而形成,較應被視為由內而生的全球化。世界化指出一項不可逆轉的事實,即全世界的人們長久以來就一直生活在實際存在的互賴關係中,因而人們必須經由生產與消費去回應這些關係,並因此增強這些關係的運作,也導致全球風險對人們日常生活的影響(Beck & Sznaider, 2006: 9)。

因此成為世界公民有其特殊的存在形態,快速流動成為一種生活方式,尤其是傳播媒介亦協同創造出一種流動的互賴感覺,譬如虛擬旅行,即經由資訊與傳播科技而於地理相距遙遠之間進行溝通,包括信件、明信片、生日卡、耶誕卡、電報、電話、電傳、電子郵件、即時通訊、視訊會議等。隨著虛擬旅行的大幅增加,亦出現一種植基於電子郵件及網誌等的新書寫文化,這些新書寫文化的流行反映出它們被流動之人們設計來從事跨越社會與地理空間之快速、順暢、與產生連結的旅行。在此過程中,公民之間的觀視關係進一步擴大,並被期待能夠去關注其他社群及全世界,以成為超越特定地點與狹隘立場的世界公民(Szerszynski & Urry, 2006: 115-118)。

艾皮亞(Kwame Anthony Appiah)認為世界主義者必須具有想像的連結(connections)能力,例如一些民族對自身歷史感受到一種「靈光」(aura),這是一種魔力,如同班雅明(Walter Benjamin)認為藝術品原件所具有的特性,這種原件擁有一種和創造者之間

的連結，是機械複製品所無法產生的。民族和其歷史之間，也有類似的連結，因此民族認同是種很特殊的情感。然而這種情感不應妨礙對其他民族文化的了解，一些其他民族創造出偉大成就，這些民族具有我族沒有的技能與想像力，但這些技能與想像力也可能是我族的潛能之一，所以我族應能對他族（仍然屬於我的同胞）產生想像的連結（Appiah, 2007），亦即應能發展出尊重差異、肯定他者、與多元主義的世界主義精神。

因此可以說，世界性的公民在於擁有特殊的感受力與行動力，他們採取一種反身的存在形式、高度去感受及關懷世界、以及發展與世界互動的技能（Smith, 2007: 45-47）。這種世界公民能夠跳脫原有國家民族的框架範圍去認識外在世界，願意從他者的歷史去了解異於自己的思想及判斷，進而能夠擴大關懷的對象及領域。

二、閱聽人與世界公民

閱聽人具有成為世界公民的潛能，如同湯普生（John B. Thompson）所言，由於媒體中介的影響，閱聽人可以發展出全球關懷的倫理（Thompson, 1995），然而這種發展並非只是由於媒介使然，還在於閱聽人藉由接觸媒介所發展的經驗，因此所謂世界公民及全球關懷皆必須立基於閱聽人的經驗特性，人們必須透過使用媒介才能獲得更寬廣的認識範圍，這些經驗與認識的特性及潛能也必須被加以論述和討論，成為人們意識內確信的能量進而予以運用及實踐，換言之，如果閱聽人具有成為世界公民的潛質，則這種潛能的原因及形成過程必須加以闡述，強調閱聽人不

僅是媒體影音的接收者及詮釋者，或只是網路的使用者，事實上
人們可以透過多種媒介及訊息，去發展更廣大的視野及關懷。

　　要實現這種可能性必須經過一些努力，包括建立行動所憑藉
的觀念基礎，也就是去了解世界性的感受及關注能力本來就蘊含
於閱聽人的經驗內，這種觀念不只是抽象的認識或信念，它們能
使行動和真實經驗過程彼此聯繫，成為有具有理念基礎的行動，
也使行動者確信自身行動的意義。也因此人們必須了解閱聽人的
經驗歷程，由於這種歷程性經驗方使得人們得以擺脫侷限性的注
意力與思維，朝向更多元的關注及理解。然而，閱聽人的這些潛
能往往受到忽略或限制，其中原因固然有來自大眾媒體偏狹地視
閱聽人為偏好感官主義的消費者，另一方面也部分源自學術論述
的不足，後者主要在於傳播研究及相關的閱聽人論述中，並未充
分探討與彰顯這些面向，使得閱聽人多樣的潛能受到忽略。

　　閱聽人論述可以強化這種世界性[19]，由於在資訊及傳媒發達
的社會中，大部分人將以某種閱聽人（不管接觸或使用何種媒體）
的形式去面對及參與世界，所以行動者即閱聽人，閱聽人也具有
行動者的潛能。在全球化及數位化時代，閱聽人的行動參與可以
擴及全世界，因此閱聽人可以被引導出全球關懷的胸襟，因而閱
聽人論述也應該能夠促成這種實踐。已有不少聲音表達出相信閱
聽人具有某些積極力量，然而有些媒體在結合其他經濟或政治勢
力的運作下，斲喪了閱聽人原有潛能。誠如馬克思相信工人具有
創造的潛能、哈伯瑪斯相信現代行動者具有理性溝通的潛能、傅
柯相信個體具有尋求差異及抗拒的潛能，我們也可期待閱聽人具

---

[19] 這裡所指的世界性，並非如早期有些傳播理論認為使用媒介的人更傾向具有
萬國性，特別是更要避免隱含西方觀點下現代化理論對非西方的偏見。

有連結世界的能力，因此必須在閱聽人論述上去闡述及深化這種能量。

事實上，閱聽人研究論述並不常直接以行動者的角度去探討閱聽人，近二、三十年來在文化研究、後結構主義、後現代主義等觀念的影響下，不少閱聽人研究亦觸及主體、自我、認同等課題，閱聽人的主動及抗拒被一些研究予以程度不等地強調，但也同時招來不少批判的聲音。其實強調閱聽人的主動性或抗拒，並不必然會忽略或否定傳播產製力量及媒體結構的影響，因為人們總是和體制之間有著各種形式及程度的拉扯，經常同時出現自主及從屬的情形，在猶如拔河的過程中，有進有退，閱聽人時而被動時而主動。

主流的傳播研究大部分屬於現代主義的產物，因而經常出現二分法、主客對立、主體中心、與理性主義的觀點，因此個體被視為理性行動者應屬自然，然而傳播研究的早期發展卻出現仿效機械式行為主義以及基於大眾社會之想像的媒介研究，在這些研究論述中，閱聽人被視為被動的、無反省能力的、孤立的、或疏離的個體與大眾，乍看之下這種現象似乎頗為詭異，但進一步觀察便發現實則不然。依據洪宜安（Ien Ang）的批判，市場觀點下的閱聽人只是市場研究者關心閱聽人數量之相關資料，所以利用量化的與客觀的資訊來說明閱聽人，實際上並未觸及閱聽人使用媒介的真實過程與主觀經驗，她也批評市場觀點忽略閱聽人在理智與情感上皆具有主動參與的能力，同時閱聽人並非孤立個體，而是處於社會文化情境中（Ang, 1995）。不過既然市場觀點未能觸及閱聽人的真實經驗，便無法對閱聽人的理性與否提供說明，此種觀點無力解釋閱聽人的主觀經驗，也無法否定閱聽人的理性

能力。因此市場觀點大多只是描繪閱聽人的部分行為,但單憑這些行為難以回答閱聽人主動與否的問題,再者,市場觀點或制度觀點代表認識閱聽人的特定方式,它們係基於市場或政治的動機而發展有利於其認識目的之認識方法,誠如舒茲(Alfred Schutz, 1964)所言,任何關聯領域的建構都必然有其附帶說明,市場觀點或制度觀點只是特定關聯領域下的認識結果,然而它們的附帶說明卻被有意或無意地忽略。

又例如波斯特(Mark Poster)認為阿多諾(Theodor W. Adorno)與霍克海默(Max Horkheimer)等人之所以會批判人民受到大眾媒介與流行文化之操縱,其實起因於知識分子對媒介的反感,而這種反感又源於認為媒介威脅到知識分子的認同,其中更深層的理由便是以為媒介動搖了主體的自主性(Poster, 1995)。由於批判理論具有自律/他律二分的邏輯,傾向視閱聽人為受媒介影響而失去自由,且過於強調邏各斯中心論(logocentrism)的主體,因而認為閱聽人已陷於他律狀態。不過波斯特卻認為這種批評是因為這些知識分子不熟悉大眾媒介的表現形式與內容,將自己的危機感擴散至一般閱聽人,波斯特以為他們對閱聽人並不十分了解,卻堅持主體的自主及自律不容挑戰。這裡的問題在於,阿多諾等人預設了個體的自主理性能力,卻又認為這種能力在面對大眾媒介時軟弱不振。波斯特則以為如果能不執著於自律/他律二分邏輯,並改變邏各斯中心論的觀念,使主體不致若非自律就只能是他律,也不致遽然將大眾媒介的閱聽人貶為被動無力的個體。

這裡隱含一個如何定義自主性的問題,如何從真實閱聽人的經驗來探討主體,而非僅從特定邏輯進行推論。早期的效果研究

與市場觀點對閱聽人經驗的探討相當有限，對閱聽人作為行動者所具有的能力並未有太多著墨，雖然有許多聲音要求保護及壯大閱聽人，然而自從主動閱聽人的概念勃興後，閱聽行動者的能力卻又被視成理所當然的預設與前提，或受到過度頌揚與高估，閱聽人遽然變身，從被動個體一躍而為主動創造者，這種大幅度轉換依舊未能讓人洞悉閱聽人經驗歷程，除了認定閱聽人具有主動性外，還是不甚了解何以閱聽人能夠擁有抗拒、挪用、或創造的能力。

　　閱聽行動者及其經驗的討論之所以難以深化的原因，部分源於行動者及主動性概念有諸多模糊之處，所謂主動的閱聽人意味著許多不同現象，端視如何界定個體的自主及主動，目前人們已了解主動未必等於抗拒及批判，愉悅及消費亦不必然屬於消極和被動，而如此一來，人們益形陷入概念迷宮。此中涉及的另一個問題是，社會科學原本就屬於二度建構（Schutz, 1967），固然理想的二度建構應適當地貼近一度建構，但卻無法不朝更高度合成的方向發展，否則將阻礙科學知識的進步，懷德海亦強調抽象的永恆對象及命題對科學知識成長有其重要性。不過科學概念終究必須源自真實經驗，並能夠對真實經驗產生更詳細的了解。

　　閱聽行動者的經驗及能力確有進一步探討空間，如果強調閱聽人的主動、理性、選擇能力，那麼可進一步探討個體在使用這些能力時的經驗過程及意義，自主選擇常被認為是理性行動者的特性之一，理性選擇也往往被視為不須懷疑的正面價值，然而理性與理性選擇其實包含一些複雜的意義，日常生活中所謂理性可能意指合理的、深思熟慮的、計畫的、可預測的、合乎利益原則等等，而學術論述可能強調符合邏輯或科學。至於理性選擇則包

含行動者了解一些相關事項，包括所要實現之目標在計畫架構內
的位置、所要實現的目標與其他目標之間的相互關係與相容性、
目標實現後的可能後果、達成目標的各種適當方法及過程、達成
其他附帶目標的方法，以及其他方法與過程所產生的干擾、了解
這些方法對行動者的適用性，並找出自己所能使用的方法與可能
採取的方法。除了這些考量之外，當行動者處於互動情境時，還
須了解其他人的可能解釋與誤解、他人的反應及其動機、以及他
人對上述諸項要素的認識等（Schutz, 1964: 64-88）。或者在最基
本的常識思考中，一般行動者也必須能夠採取典型的目的及方
法，換言之，如果想要探討閱聽人選擇與使用媒介，就必須把以
上諸項列入說明範圍，如此便能較詳細地檢視閱聽人的理性自主
能力。這些要素其實便是行動者在經驗歷程中所面對的各種情境
要素，以及所經歷的經驗內容。

　　透過這些經驗歷程，可以說明閱聽人在接觸及使用媒介過程
中所具備的相關考量與所可能發展的視野，也可了解閱聽人藉由
媒介進而創造連結外在世界的可能情境條件，這些考量及視野能
夠由於適當的媒介內容而逐次拓展至他人、社群、區域、全球。
日常生活中的閱聽人在使用媒介之際有可能已然在實踐其作為世
界公民的角色，其中主要原因不僅在於主動性問題，更在於閱聽
人經驗會隨著時間而開展及延伸，眾多的傳播媒介及訊息將人們
導入流動的生存形態，包括實際的與虛擬的流動，也同時涵蓋主
動及被動成分，閱聽人固然可以進行某種自主選擇，但也時常不
由自主地被牽連到廣大社會，被迫面對更大的世界，也開始必須
將所謂的理性行動置於較大的脈絡下，譬如當媒體報導一些食品
原料污染、地球暖化、傳染病擴散等新聞時，閱聽人同時也是消

費者就必須決定如何採取適當的行動。閱聽人面向世界已成為全球化時代的一種趨勢，閱聽人扮演世界公民的角色不再只是一種理想化的期待或想像，而是有著實際的需要與不得不然，在這裡人們可發現，閱聽人藉由傳媒而被激發出世界性關懷的可能性，也同時意識到閱聽人主體在流動的生存型態下出現更多樣的發展，因而能夠使人們對世界性公民的行動潛能獲得進一步的認識。

第三節　歷程經驗與閱聽人主體

　　前面強調閱聽人即行動者，並且和世界性之間具有聯繫，這種聯繫主要由於閱聽人經驗的歷程性，因此接下來將進一步說明在日益多變與多樣的環境中，這種歷程性如何有助於進行閱聽人概念論述，以及處理關於閱聽人的主體觀念[20]。隨著媒介變遷與社會轉變，一些有別於現代主義的觀點應運而生，也引發一些堅持現代主義者的敵視，不過這些關於主體變異的看法未必全然是消極或負面的，它們往往亦能指出現代主義主體的某些偏狹之處，因此亦值得觀察及思考。

---

[20] 主體論述有時雖然抽象，若以論述的施作力（performativity）而言，「說」本身便是一種「作為」，論述藉由重複引述之實踐進而產生效果（Parker, 1996），因而主體論述的重要性便在於其施作力所產生的社會意義。

一、從現代主義主體走向超越之路

　　從現象學的觀點來看，基本上主體性並不屬於自然，而是屬於精神，精神則屬於身體之美感經驗層次，所有的意識皆植基於身體，並在時間過程內與身體對應及協同一致，然而個體又是以人格自我而處於日常生活中，並與其他人維持多樣的關係。個體是環境的主體，個體的環境是個體經由行為而認識、記憶、與相信的世界，並對此世界採取某種理論的、實際的、與評價的態度，因而個體的環境並非一個「自存的」世界，而是因個體而存在的世界，個體必須認識這個世界，不管是經由實際的認識或透過理論，都是個體在意向經驗內所感受到的世界，具有特殊的意義結構，而這個意義結構亦會因意義內容的消失或重組而隨之變化且不斷調整，所以個體的環境總是處於不斷生成（becoming）的狀態中，它的基礎是個體直接知覺的世界，而主體我便是在理論的或實際的評價中透過指涉世界而發現自己（Schutz, 1966: 27-28）。

　　以此觀之，主體是個體以自己為核心去面對世界時所形成的自我意識，它確立了個體經驗因源於自己行為而具有意義，所以主體意識便是自我意識，是個體成為一種有意義之存在的根源與基礎。或以另一種說法來看，主體性的核心是注意與覺知，屬於欲望、活動、與身體特徵的基礎，是人們主觀的存在意識，也有如觀察者與經驗者。由於主體我等同於覺察及注意，所以主體自我有可能擴大，如果注意指向整體，則自我亦然，如果注意超越物質現實，自我也是如此（Deikman, 1996），如此觀之，注意及其視域便成為主體自我意識的內容，由於主體必然具現於一個世界內，其經由和世界之間的對比而發現自己，而此種對比隱含著個體指涉世界的能力，或更明確的說法就是行使一種概念能力，

因此個體的經驗實際上綰合著具體經驗、現象經驗、與論述經驗，所有經驗內容必然蘊含著個體想像自己置身於一種特定位置，同時概念內容能夠影響個體想像於不同脈絡下的經驗能力（Christensen, 1993）。簡言之，主體彰顯了自我意識，這種自我意識係經由指涉世界而獲得，此種指涉包含一種注意及其伴隨的視域，蘊含著概念能力與經驗能力，以及自我定位的想像能力。

　　另一方面，主體不僅經由指涉或對比於世界而發現自己，它還在這個世界內發現其他事物，更重要的，它還發現其他主體，並了解他們也是人類，亦擁有各自的環境。個體能與他人結合成一種人類共同體，也就是與他人一起發現一個共有的環境，並成為為他人存在的人，這種環境係藉由廣泛理解而建立，而這種理解又植基於多個主體在精神活動中彼此相互激發與發現，這種環境中的主體對彼此而言並非客體，而是相對的主體（Schutz, 1966: 29），或以另一角度來看，社會世界中的主體在本質上便是一種象徵媒介，經此而表達內在狀態給其他人，所以主體必然聯繫於其他主體。由於基本上主體是相對的主體，總是伴隨著其他主體，所以主體並非一個統整及靜態的實體，而會隨著和他人互動而不斷改變（Christensen, 1997; Gilroy, 1997），因此主體並非固定一致，反而經常出現差異與變動，這種主體不具絕對性，屬於相對的與相互的主體，簡言之，是一種變動的與相對性的互為主體。

　　如果說主體總是相對的主體，則它們的能力並非絕對的，主體在能力展現之際必然面對所指涉以及所對比之其他主體的能力，因而每個人雖然可能影響其他人，卻未必能有效改變其他人，同理，每個人確有可能承受其他人的影響但並非全然被動，這就讓人認識到權力關係中主體的特性。由於人類的權力可由許多方

式行使，所以主體亦能以不同形式具現，權力關係的主體擁有進行某些行動的能力與可能性，也就是一種權力的主體，這種權力有能力去作或變成某些事物以影響彼此的行動，亦即個體的行動能夠影響其他個體之可能的行動領域，不過未必決定或改變他人的行動，因為權力的行使總是發生於權力主體之間，各個主體皆有獨特的行動能力，所以抗拒總是可能出現，誠如傅柯認為有權力的地方就有抗拒。以此觀之，主體代表著行動的能力與可能性，而由於主體係屬於互為主體，所以其行動的能力與可能性亦具有相對性（Patton, 1994）。

　　前面提及主體經驗必然指涉個體想像自身處於特定位置，每個主體位置皆包含一種概念工具及其使用者在權力結構中的位置，一旦人們選取某個位置，就難以避免由此角度來觀照世界，並且必須選擇若干觀念以作為認識及參與世界之用；在現代生活中，人們常會面對許多衝突的論述實踐，在此，每個主體位置都代表某種可能性，這些位置是被創造出來，並經由互動而使人們自視為個體，這便是自我之非持續性的由來（Davies & Harre, 1997），所以個體的主體位置總是有待創造與選取，愈是在分化多元的社會中，人們愈常面臨類似的抉擇。主體位置本身蘊含一種空間概念，不過這種空間未必等同於現代性的空間，現代性空間往往具有被佔據、入侵、與形構的意含，這種視空間為空洞無物、有待被佔有，方可被賦予形貌與意義的看法，基本上是一種對空間的負面見解；其實人們可將以往側重於土地的空間概念，轉變成偏向天空的空間概念，後者處於存在與化現之間，是一種孕育的空間、具有可能性與潛能、並且屬於多重決定的空間（Gibson-Graham, 1997）。由於空間概念的轉變，所以主體位置

的空間含意亦得以有不同的想像，一方面，主體位置可以被創造
與建構，另一方面它們也是一種化現（becoming）空間，也就是
主體位置的可能性不只是在於被創造與被選擇，位置本身就具有
化育生成的潛能。

　　既然位置是可能性與化現空間，主體就不再必然明確而固
定，這種去中心化的自我具有三種特性：其一，自我總是處於延
伸狀態，沒有可以退轉回去或作為根源的核心自我，只有不斷移
動而變化的自我；其二，「趨附」過程同時也是「遠離」過程，
任何移動均非接近或離開一個核心自我，而是不斷從一種樣式轉
移到另一種樣式，任何時刻的自我與其說是剛形成，還不如說是
尚未確定或未能確定；其三，在自我發展中，縮減過程與擴增過
程同樣複雜，在趨附／遠離的過程裡，某方排除的東西，可能剛
好被他方吸納（Munro, 1996）[21]。以此來看，主體具有彈性的、
非定型的、與不斷變化的可能性，這種情形還可能由於環境變化
加速而益形明顯。

　　這種主體已非現代主義式的主體，也常被認為難以理解與接
受，之所以如此乃因主體往往涉及認同。過去人們一直習於明確
的主體與固定的認同，一旦習慣性經驗發生根本的變化，既有的
意義感與安全感便遭受嚴重威脅。以本質論的方式來看待認同雖
有其歷史背景，然而實際上認同並非總是統整的，其間可能出現
衝突而必須妥協，在認同的集體層次與個體層次上也可能有不對
應的情形（Gilroy,1997; Woodward,1997）。前面提到主體空間概
念的特性，同樣的，認同的空間意含也有類似情形，西方傳統的
啟蒙理性觀傾向將確定的空間等同於確定的認同，其結果便是將

---

[21] 這是 Rolland Munro 依據 Marilyn Strathern 的自我理論加以修改而成。

空間與認同皆予以本質化。如果以後結構主義的觀點來看，則空
間與認同都屬於開放的辯證過程，二者皆有重新形構之可能。人
們對社會空間的經驗產生變化，認同亦隨之改變，當對空間的經
驗出現轉化、斷裂、或延續等現象時，人們的認同亦伴隨產生相
似的變貌（Natter & Jones, 1997; Morley & Robins, 1995）。總之，
從本質論走向非本質論的過程中，空間、認同、主體三者之間關
係密切，任何一項的變化皆會牽動其他部分也隨之改變。

　　這種觀念的改革需要在更深層次上認識與感受不同的世界
觀，誠如有些學者指出必須在態度及觀念上有所轉變，重視生活
及強調生命，而非耽溺於理念；西方傳統文化的主要形式（秩序、
認識論、知識、社會生活等）大多是從原本存在的多元性轉向單
一性、由流動性趨向固定性、由「混亂」走向「秩序」，因此人
們常難以真正感受及肯定諸如變化、多元、歧異、與不可控制性
等現象（Rogers, 1996）。同理，人們也多難以想像所謂變異的、
非統整的、或多元的主體（plural subject）[22]，因為這些不免令人
憂慮似將陷入一種分裂及錯亂的恐慌中，所以凡異於現代主義主
體的其他形式，總是在象徵著解放及機會之餘，猶帶某種他者性
的威脅意味。

　　主體此一概念原本即兼具自由與服從雙重涵意，主體雖彰顯
自主與自律，然而在知識即權力的歷史發展中，主體又成為被規

---

[22] 所謂多元主體包括後結構主義式的多元或多重主體，也可以是由多位行動者
產生的共同主體，這種情形有如這些行動者共同指向某種對象，這種多元主
體會產生一種「共同意志」，是兩個或兩個以上的主體共同以某種形式而構
成一個主體，其過程好像是不同個體所持不同意向能被累加成單一意向對象
（Velleman, 1997）。這種觀點值得參考，不過應只是眾多觀點之一，此處所
指的多元主體更強調主體的變異、非統整、與非確定性。

訓與管理的對象（Foucault, 1977, 1980, van Krieken, 1995），這種
現象看似矛盾卻又真實，一方面人們被鼓勵成為自主與自律的主
體，另一方面又被吸納到社會秩序中，如此形成的自律便有如從
心所欲不逾矩，這就是自我規訓及治理的真相。

　　由於主體具有兩面性，所以所謂非現代主義式的主體便不得
不令人疑慮，例如新科技影響下的主體變異便成為一個爭議性課
題，雖然網路世界所造就的網路主體被不少人視為新契機，但也
有人以為此種看法過於誇大，因為網路空間的人格只是人們在日
常生活內所創造的一系列自我的其中之一，同樣旨在應付眾多不
同的情境。甚至，有人批判地指出，網路人格與實體人格的差異
在於，前者更遠離物質真實，不存在於任何直接關係內，只是一
種剩餘的或多餘的人格，這種人格及造成的混淆，並非源自虛擬
真實與擬像科技，而是導因於資本主義意識形態，因為後者鼓勵
人們建構自己的認同，資本主義社會充斥各種剩餘的引誘，先是
資本主義生產創造了剩餘價值、接著廣告以剩餘愉悅來引誘人
們、如今網路空間又向人們許諾剩餘認同。網路人格並未產生解
放，反而使人們淪於無止盡的半調子生活與零散的自我，無法適
當表達出自己是誰與自己想要什麼（Newitz, 1995）。若真是如此，
那麼這種網路主體只能是分裂的及瑣碎的，不可能提供可能性或
潛能。

　　另外從後殖民主義來看，由於主體是歷史時間、地理空間、
與權力關係等階層架構內定位的結果，由此產生多層次的游離主
體，它們存在的空間多屬隱而未顯與不被認識，同時這些主體常
被認為威脅到權力階層關係而遭到拒斥（Ang-Lygate, 1996），所
以這種多重離散與多層游離的主體即便蘊含潛能，但在既有權力

架構下卻可能被極度扭曲與否認。換言之，非現代主義的主體亦可能是壓迫的結果。

　　主體變異方面存在不同的判斷，有人懷疑或排斥；有人以為全能與完整的主體已然死亡，只剩下破碎及偶然的主體，並試圖於其中找出各種可能的權宜性和諧（Boyne, 1995）；也有人認為即便主體不復完整，但依然具有力量，例如波斯特認為主體可以是去中心的與多元的，並無須因此就認為主體已被消解（Poster, 1995: 3-22），反而可藉著了解自身被建構的過程，並借助其他適當的中間媒介來重新建構自己與世界，進而使主體建構成為一種自我發展計畫與社會目標。

　　在多變的環境中，人們總是面對選擇的重擔，也必須承擔風險，所謂安全及穩固的存在狀態成為一種期待與想像，正由於憂慮及抗拒傳統完整主體之消解，適正反映出這種主體已日薄西山，此後將取代的發展不管是安是危，都是必須面對的不確定處境。

二、閱聽人、主體、歷程性

　　主體即自我意識，其藉由和世界的對比而發現自己並產生經驗，主體必然指涉或聯繫於其他主體，必須在和他者的相互對待下而發展成互為主體的（intersubjective）性質。另一方面，主體也代表著行動能力與潛能，但由於互為主體的關係，所以這些能力總是具有相對性。這種可能性與力量源自主體位置所蘊含的化現（becoming）空間，傾於向非本質論所強調之主體與認同皆呈現變動與非統整的狀態，並可以包括多元主體。然而這種現象沒有必然的倫理後果，主體向來隱含兩種對立內涵，兼有自主及從

屬之意,所謂變動、多元、彈性的主體,可能被視為另一種精緻控制的結果,也可能被認為具有解放的可能性。

如果暫時以粗略的分類方式去區分現代主義與非現代主義的主體(特別如後現代、後結構、或資訊模式的主體等),它們的主要差異在於,前者強調自主自律及明確清晰的認同,後者則傾向發展為去中心的與多元的主體及認同。它們的評價殊異,現代主義主體雖然常被視為自主個體的典型,但若以另一種角度來看,它卻也是被禁錮與僵化的主體;反過來看,一些所謂非現代主義主體在前者眼中象徵一種殘破與瓦解,但後現代主義卻從中看到解放與潛能。這兩種立場皆自視為有力主體,分別植基於不同的世界觀(笛卡爾式以及非笛卡爾式或反笛卡爾式的觀點),發展出各異的主體論述。許多閱聽人論述已隱含主體概念,例如一些閱聽人研究中反映出閱聽人的靜態結構、明確的解讀位置、具體定位的存在、固定的或孤立的閱聽人等,多顯現出現代主義與個人主義的主體觀;另有些閱聽人研究則著重閱聽人的動態過程、情境脈絡的閱聽人、遊牧式閱聽人、變化不定的存在等都傾向呼應後現代主義之變動與多元的主體觀。

基本上,不管閱聽人研究論述所指涉的閱聽主體為何,必然都有論述建構的成分,由於論述建構難以避免,所以重點便應置於論述建構的社會意義。舒茲提及精神主體的特性在於其中出現統覺(apperception)的「我」,在這種統覺中,「主體」就是「客體」,亦即包含了主體我與客體我,後者就某種特殊意義來說是在「我是」(I am)中被呈現、構成、與指涉;至於主體我則是具「我能」(I can)形式之能力系統的整合體,它包含身體上的「我能」與精神上的「我能」,以及實際上的「我能」和邏輯上

的「我能」，「我能」是被激發的，個體透過經驗而認識自己並擁有自我意識（Schutz, 1966: 32-33）。因此，對「我能」部分的論述會影響「我是」，而「我能」並沒有決定性的內涵（由於「我能」可能遭遇阻礙，因此也包含對此阻礙的處理方式），所以論述「我能」形同一種開發或發掘能力的工作，也因此主體論述可以是一種賦予能力或壯大能量的過程。

主體不僅是一個稱謂、名詞，它藉由論述力量而產生實質影響，稱謂及名詞化的主體傾向是明確的、固定的、統整的，以此為基礎的閱聽人概念較易去界定外顯的與可觀測之閱聽行為的行為者；能量化的主體則更傾向是化現的、多元的、不定的，植基於此的閱聽人概念則指涉著複雜糾葛及難以明說之經驗歷程的行動者。也唯有在這種行動者內，「我能」的各種面向得以更進一步激發，行動者的認知能力、感受能力、道德能力、互動能力、及欣賞能力等皆透過論述實踐而獲得某種提升及釋放的機會，個人更清楚地意識到成為一個行動者所可能進行的活動及造成的改變，就此而言，可以說能量化的主體論述形同一種意識啟蒙或觀念革新的過程。

閱聽人概念論述同樣包含這兩種論述方式，一種是將閱聽人視為一種稱謂及名詞、把閱聽人相關特質當成描述性的說明，另一種則將它們視為能量展現。從某方面來看，名詞化也有可能出現他者化與標籤化的現象，由名詞化轉變成能量化的機轉其實正是實質互動的基礎。事實上，主體論述方面亦有類似情形，有些主體論述出現變異主體的觀點，這對現代主義的主體觀而言可能較無法理解與接受，易言之，變異主體成為無法想像的主體；然而對後現代主義而言，所謂典型的現代主義主體只不過是一種虛

構，因此對它們二者來說，唯有自己的主體論述才是可想像與可相信。但是從論述的理路來看，兩種主體論述皆各有所本，尤其現代主義的主體論述早已被當成公認的常態或典範，就此點而言，持變異主體論述之人應是耳熟能詳，所以對後者來說，典型的主體論述是可想像但不可相信，反過來看，變異主體的論述所植基的非笛卡爾傳統亦多古已有之，所以對典型主體論述者而言，變異的主體論述亦是可想像但不可相信。不管任何一方，要從想像階段轉變到相信階段皆須具備主觀經驗的突破，也就是人們可以在認知上知曉一種狀態，但未必能真正感受這種狀態，除非歷經經驗的過程，後者的內在經驗化是從可想像轉變成可相信的關鍵。

　　隨著傳媒日益發達及飽和，人們更常多面向地被聯繫到閱聽人身分，因此也更容易感受到藉由多樣的媒介訊息而處於快速流動的經驗中，所以固定及統整的自我不再是唯一的常態，反而更傾向經驗到衝突矛盾、多樣、變動的自我及認同。在此過程中，人們能夠由於媒介中介而聯繫於更廣泛及多樣的世界及他者，不斷透過對比而處於歷程性的自我形構之過程中，雖然這種自我可能時常出現不確定性，但卻也同時擁有較大及更多的轉變機會，因為人們必須自主及非自主地面對其他世界及他人行動的影響，同時也須意識到個人行為將可能對遠方世界及他人造成影響，亦即個人可能同時處於在地及全球的脈絡內，閱聽人經驗的歷程性藉由攝受、集結、雜多、對比、概念翻轉及轉化、相互攝受及契入、多與一的循環等，讓包括認知、情感、道德、互動、欣賞等諸般行動能力得以穿越時空而進行寬廣的連結。

　　然而這種閱聽人的歷程性生活經驗未必顯而易見，因為有時閱聽人研究論述並未呈現這些特性，而歷程性經驗係源自對閱聽人採取特定的認識及了解方式。誠如夏特（John Shotter）指出，我們可以透過接觸而獲得不同的認識，這種認識開啟一些轉變，包括從以前側重探討個體的腦中觀念，轉而注意個體所處環境的社會性質，以及該環境所能「允許」或「提供」的因素；並從探討個體的行為程序，轉向注意和他人的「協商」關係；著重植基於日常生活的社會活動過程；以及強調去研究在這些過程中引導個體以被接受之方式去理解所能運用的條件及機會（affordance），因而關注個體在其環境中所能認識的事物，以及他們如何「挑選」能獲得之資訊的策略或程序（Shotter, 1992: 58-73）。

　　這些層面蘊藏於行動者在情境之流中，對自身及環境之間的聯繫及對比，行動者可能將原本不屬於自己的某些要素納入自己的行動，但也可能藉此而影響他人及環境。閱聽人在使用媒介之際與之後的行動將原本僅屬於個體及媒體之間的特定關係，轉化成個人與社會的關係，或擴展為較大的聯繫。閱聽人有可能從媒介獲取對自己與環境條件的認識，包括機會及限制。此外，夏特綜合其他學者的觀點後，也認為：

　　　　語言不再只具有再現功能，還包括形構的（formative）作用，亦即它不僅用來意指情境內的諸般性質，語言能夠闡述我們所處的情境及事態，闡明這些情境有如普通「地方」，據此我們得以彼此聯繫，語言並「賦予」這些地方能夠「提供」或「允許」的某種特定形式（Shotter, 1992: 68）。

所以閱聽人概念論述不會僅是對閱聽人行為及經驗的說明，而還具有促成、形構、或限制的作用，因為這些概念論述會對閱聽人以及所處情境之條件或機會之間的關係，產生特定的聯繫，為閱聽人的行動提供某種想像的基礎，也成為閱聽人「我能」的依據之一。

同理，閱聽人研究可以將閱聽人視為一種稱謂及名詞，也可以將之能量化，使之成為具有形構力量的論述，在形構的論述中，閱聽人被看成置身於變動情境的行動者，閱聽人在流動過程中和不同情境遭遇，必須去認識及重新定義自身及處境，也必須選擇某些行動策略去維繫相關的社會關係。在此過程中，閱聽人結合了媒介與日常生活，也連接個人與社會。此時，閱聽人論述不再只是純粹的理論說明或研究分析，它還是一種賦予關係及引導行動的工具，將閱聽人接合至與其相關的各種機會及條件，進而連結到不同的行動過程。不過這並非憑空想像閱聽人的能力，或一廂情願地鼓吹閱聽人的施為力，因為這些在閱聽人的經驗歷程中原本就是已經存在的可能性，我們藉由懷德海的歷程觀可以看到人類經驗發展所蘊涵不斷攝受對比、從多到一以及由一到多、類似生態關係的歷程。同時在這些歷程中，所有經過攝受對比及相互契入的發展，都隱含一種相互形構的現象，因此在自由與決定之間出現第三種以上的多重可能性。

第七章　結論

閱聽人研究已歷經一段時間,並累積頗為可觀的資料,然而閱聽人性質究竟為何仍令人有霧裡看花的感覺。事實上,「閱聽人」常出自論述建構,它們大多是政府、商業、學術的產物,這些論述可能同時扮演造物者及造霧者的角色,因此探討這些閱聽人論述應能有助於理解閱聽人的相關知識何以發展成目前情形。無疑地,本書亦屬於一種論述,也必須有論述位置,本書著重於觀察既有的論述,並思考一種歷程論述的可能性。

第一節　當代閱聽人

一個必須承認的事實是,當代社會的人必須成為閱聽人,使用媒介已成為現代人的一種日常活動,因此扮演閱聽人亦是一種基本生活,人們不管是參與社會或是從事消費,都必然直接或間接透過媒體的中介,易言之,不管是作為公民或消費者,都必須和閱聽人的角色有所聯繫。同時公民與消費者之間亦非涇渭分明,因此透過閱聽人、公民、及消費者三合一的現象去探討傳播社會之發展應是較適當的方向,也可讓閱聽人概念獲得更充實的內涵。

　　了解閱聽人於當代社會內的存在狀態，也是探討現代及後現代人們處境的一部分，由於科技、媒體、與全球化等因素促成社會日益朝向網絡連結並加速運行，這種現象可以是機會但也可能是困擾，例如一些知識、興趣、資源得以串連及共享，然而差異的碰撞亦可能造成對立、引發衝突；快速流動的生活型態固然可能讓有些人得以尋求多元認同，但也可能令一些人覺得失落或空虛。面對全球化及數位化相關利益與風險的分佈不均、在地和全球之間的拉扯，皆使現代問題更為複雜，甚至難以掌握問題的本質。傳播媒介一直是人們接觸及認識世界的重要工具之一，使用媒介並非只是瑣碎的活動，作為閱聽人的重要性也不僅止於透過媒介去獲知與感受世界的變動及發展，而是更在於不斷摸索自身處境、認識自我及他者的關係、以及涵養行動能力。

　　隨著媒介社會日益高度發展，了解閱聽人已成為探討現代社會的核心課題之一，部分原因在於，閱聽人的能力已成為影響社會發展品質的關鍵，因此許多社會皆將閱聽人培力（empowerment）視為重要計畫，然而閱聽人培力必須奠基於了解閱聽人究竟為何，以及能夠發展何種能力。在此，閱聽人研究應扮演一個深化認識閱聽人的角色，可是不同的閱聽人研究傳統卻可能提出不同的看法及主張，反而模糊了我們對閱聽人的認識。

　　在媒體飽和的環境內，傳媒滲透於日常生活的許多層面，人們幾乎無所遁逃地受到各種媒介訊息的包圍，媒介不只是特定的廣電媒體或平面媒體，而是成為一種環境（Ang, 1996; Bird, 2003），這是一種宛如空氣瀰漫於周邊，時時存在但有時又未令人察覺的環境，這種媒介環境讓人們接觸媒介成為例常習慣，人們使用媒介去處理公私領域的事務，媒介既是工具也是情境。另

一方面，由於媒體種類及訊息高度膨脹，人們在使用媒介及找尋資訊方面亦可能變得分散，因此所謂公民或閱聽人不再具有統整性（Couldry & Langer, 2005），然而人們雖遊走於多種媒體之間，但又必須將所接觸的媒介及訊息予以組織，因此閱聽人總是為自己建構一個有意義的媒介秩序，使之成為一個與自身生活相容的世界。對此過程的了解必然有助於認識閱聽人的生活，也有益於探討傳播社會的發展。

　　傳播研究領域內有很大部分都包含著對閱聽人的描述，這些研究透過不同的研究傳統而強調閱聽人的各種特性，它們可視為閱聽人研究論述，屬於「二度建構」，是學術社群對閱聽人的分析說明。由於學術社群擁有特殊的思考模式，常和閱聽人本身的「一度建構」產生距離，因此造成專家觀點及常人觀點之間的差異。研究者總是傾向在既有的研究傳統內進行選擇，難以超越典範的影響，這些研究傳統及典範多將閱聽人模塑成相對固定的形象，或可說是每種研究傳統都存在著某些閱聽人刻板印象。然而當前環境的快速變遷已使得閱聽人的生活日益變化與複雜，不再只是形式單純的媒介使用者或文本解讀者。特別是互動性科技讓閱聽人也可成為訊息的傳佈者和意義的產製者，另一方面由於媒體素養的更廣泛推動也使閱聽人更有能力去和媒體交手，這些都是促使閱聽人研究必須以更多樣及異於傳統方式去認識閱聽人的因素。

第二節　回歸閱聽人經驗

　　綜觀閱聽人研究的發展，晚近更強調關注閱聽人在日常生活中的媒介使用經驗，試圖了解閱聽人如何將身邊可用的媒體資源組織成一種裝備（Michael, 2006），以成為經營生活及建構自我時的相關元素。因此閱聽人研究日益著重從閱聽人的日常經驗中去理解及探討更細緻的經驗過程。

　　閱聽人研究論述透過選取不同的觀視角度及認識策略而對閱聽人產生不同的說明，也就是閱聽人研究論述反映研究者選擇的論述位置，這些論述位置賦予論述者某些資源去注視及放大閱聽人的某些面向，但也同時限制了對其他面向的關注。論述位置影響了研究者所能產製的論述性質，包括去界定科學知識的性質，以及其中隱含的價值判斷及權力關係，前者是科學論述，後者為倫理論述，多數閱聽人研究論述同時包含此二者。

　　閱聽人在這些研究論述內被安放於特定位置，據此而發展出研究者與閱聽人的關係，也設定閱聽人和傳媒以及較大社會之間的關係。一般的閱聽人研究必然進行觀察，也就是研究者基本上都在扮演觀察者的角色，觀察者會由於所使用的研究方式而分別站在測量者、分析者、或詮釋者的不同位置上，這些位置讓研究者各自運用有利的途徑與工具去接觸閱聽人以及蒐集相關資料，而這些方法之運用將在觀察過程中為研究者引導至和閱聽人處於特定關係的位置上，例如有些會進入分享者的位置、有些進入診斷者的位置，也有些分別進入科學偵測、情報販子、或老大哥的位置，另外，研究者在探討閱聽人之際，亦有可成為偵察者或代言人。事實上，研究者的論述位置可能不止於此，隨著更多樣之

研究策略的發展，論述位置可能更為增多。這些論述位置可視為學術社群在研究傳統或研究典範影響下為研究者提供的選項，這其中包含著研究者重視的認識方式與價值觀念，閱聽人由此而在研究論述內被展現、分析、及解釋。

　　易言之，閱聽人總是被選擇性地觀察，並據此而被定性及論斷。然而研究論述並非只是理論、方法、及研究發現等構成的知識體系，論述具有合理化及增強的作用，特別是科學論述更容易被賦予優越性。人們經常由於相信而行動，因而展現知識的實踐力量。所以閱聽人研究論述不僅描繪閱聽人也能夠型塑閱聽人，也因此選擇探討閱聽人特定面向有其社會意義。筆者嘗試以懷德海的歷程觀來作為閱聽人經驗的說明架構，強調閱聽人在使用媒介的過程中所發展的經驗歷程。這種歷程是由關係構成，具有能量及創造的性質，讓處於歷程的存在物具有某種程度的選擇自由，歷程的創造性是透過擷取（攝受）相關事物，將它們的影響力以及因攝受而被賦予的可能性予以融合，進而產生獨特的新創造物。亦即使原本屬於分散的事物在過渡中變成融貫的整體，但這種整體性（unity）是一個持續過程，而非不變的靜止狀態。

　　現代閱聽人不管是面對眾多傳媒所製造的資訊流，或者是在個人日常生活中部署自己的媒介資源，皆必須將所使用的媒體加以組織、將所接收的訊息予以歸納整合，也就是從原本分散零碎的各項資源建構出一種秩序，這裡面包含著閱聽人必須和相關媒體及生活條件進行協商。此歷程中的閱聽人隨著持續接觸媒體及訊息，其認識領域與經驗範圍亦隨之移動及擴展。因此，研究者要探討的不只是閱聽人和特定媒體或文本之間的關係，而是要追隨閱聽人經驗發展的歷程、了解閱聽人在日常生活的媒介使用、

特別是由於周遭環境內可用的媒介資源而逐次串聯出益形擴大的經驗範圍。

這種探討閱聽人的方式是要將閱聽人從一種概念語詞轉變成能量，前者傾向把閱聽人統攝於概念化的象徵內，以便予以描述與說明，後者著重於了解閱聽人在其生活內的經驗發展。日常生活中的閱聽人移動或行進於若干場所，並在這些場所特有的條件下去接觸不同的媒介而獲得某種經驗。隨著閱聽人渡過這些場所，閱聽人將過去經驗予以累積與融合，並將之攜入下一個場所，成為接續之認識及感受的背景。在此過程中，文本的互文性、媒體傳播及人際關係的相互影響、使用媒體的情境脈絡、閱聽行動的空間與時間面向等都將成為被注意的現象，另一方面，也應去了解每位閱聽人獨特的經驗發展軌跡、閱聽人和他人相遇而產生的經驗變化、以及是否和他人進入相同或分歧的發展路徑，這些亦皆是可探討的層面。

可以想見的是，由於新媒體的普及，人們的閱聽經驗更加繁複，現代人必須藉由接觸及使用各種媒體而成為能夠適應現代生活的個體，如今的公領域及私領域都受到傳播媒體的影響，工作與休閒都和媒體息息相關，因此閱聽人的經驗不僅源自接觸媒介，亦扣連著這些和媒體使用相關的工作與休閒活動，也可能和進行這些活動時所接觸的其他人產生關係，特別是這些他人亦屬於閱聽人，他們亦有其經驗發展歷程。追溯這些經驗歷程可讓我們更深入了解閱聽人，而且不只是了解閱聽人的經驗，還包括這些經驗發展所蘊含的潛能。

參考資料

沈清松（1985）。《現代哲學論衡》。台北：黎明。

沈清松（1995）。《物理之後：形上學的發展》。台北：牛頓。

俞懿嫻（2001）。《懷海德自然哲學：機體哲學出探》。台北：正中。

俞懿嫻（2008）。〈行動理論和懷德海現行單元說〉，《哲學與文化》，35（1）：37-55。

陳奎德（1994）。《懷特海》。台北：東大。

楊士毅（2001）。《懷德海哲學入門：超越現代與後現代》。台北：揚智文化。

盧嵐蘭（2007）。《閱聽人與日常生活》。台北：五南。

Abercrombie, N. & Longhurst, B. (1998). *Audiences: A sociological theory of performance and imagination*. London: Sage.

Allor, M. (1988). Relocating the site of the audience. *Critical Studies in Mass Communication, 5*, 217-233.

Anderson, B. (1991). *Imagined communities: Reflections on the origin and spread of nationalism*. London: Verso.

Anderson, J. A. (1998). Qualitative approaches to the study of the media: Theory and methods of hermeneutic empiricism. In Joy Keiko Asamen & Gordon L. Berry(Eds.), *Research paredigms: Television and social behavior*(pp. 205-236). Thousand Oaks: Sage.

Ang, I. (1985). *Watching Dallas: Soap opera and the melodramatic imagination*. London: Methuen.

Ang, I. (1991). *Desperately seeking the audience*. London: Sage.

Ang, I. (1995). The nature of the audience. In John Downing, Ali Mohammadi, Annabelle Sreberny-Mohammadi(Eds.), *Questioning the media: A critical introduction(2nd ed.)*(pp. 207-220). London: Sage.

Ang, I. (1996). *Living room wars: Rethinking media audiences for a postmodern world*. London: Sage.

Ang-Lygate, M. (1996). Everywhere to go but home: On (re)(dis)(un)location. *Journal of Gender Studies, 5(3)*, 375-388.

Appiah, K. A. (2007). *Cosmopolitanism: Ethics in a world of strangers*. New York: W. W. Norton.

Bailey, S. (2005). *Media audiences and identity: Self-construction in the fan experience*. New York: Palgrave Macmillan.

Baudrillard, J. (1988). *Jean Baudrillard: Selected writings*. Cambridge: Polity Press.

Bauman, Z. (1987). *Legislators and interpreters: On modernity, post-modernity and intellectuals*. Cambridge: Polity Press.

Bauman, Z. (1993). *Postmodern ethics*. Oxford: Blackwell.

Bauman, Z. (1996). From pilgrim to tourist—or a short history of identity. In S. Hall & P. du Gay(Eds.), *Questions of cultural identity*(pp.18-36). London: Sage.

Beck, U. & Sznaider, N. (2006). Unpacking cosmopolitanism for the social sciences : A research agenda. *The British Journal of Sociology, 57(1)*, 1-23.

Bird, S. E. (2003). *The Audience in everyday life: Living in a media world*. New York: Routledge.

Blackman, L. & Walkerdine, V. (2001). *Mass hysteria: Critical psychology and media studies*. New York: Palgrave.

Bourdieu, P. (1994). *In other words: Essays towards a reflexive sociology*. Cambridge: Polity Press.

Bourdieu, P. (1998). *Practical reason: On the theory of action*. Cambridge: Polity.

Boyne, R. & Lash, S. (1990). Communicative rationality and desire. In S. Lash, *Sociology of postmodernism*(pp.114-122). London: Routledge.

Boyne, R. (1995). Fractured subjectivity. In C. Jenks (Ed.), *Visual culture*(pp.58-76). London: Routledge.

Braude, S. E. (1996). Multiple personality and moral responsibility. *Philosophy, Psychiatry, & Psychology, 3(1)*, 37-54.

Brown, L. S. (1997). Ethics in psychology: Cui Bono? In Dennis Fox & Issac Prilleltensky(Eds.), *Critical psychology: An introduction*(pp.51-67). London: Sage.

Brunt, R. (1992). Engaging with the Popular: Audiences for mass culture and what to say about them. In L. Grossberg, C. Nelson & P. Treiche(Eds.), *Cultural studies*(pp.69-80). London: Routledge.

Bryant, C. G. A. (1990). Tales of innocence and experience: Developments in sociological theory since 1950. In Christopher G. A. Bryant & Henk A. Becker(Eds.), *What has sociology achieved?*(pp.69-93). New York: Macmillan.

Burn, A. & Carr, D. (2006). Motivation and online gaming. In Diane Carr, David Buckingham, Andrew Burn, & Gareth Schott, *Computer games: Texts, narrative and play*(pp.103-118). Cambridge: Polity Press.

Burn, A. (2006a). Playing roles. In Diane Carr, David Buckingham, Andrew Burn, & Gareth Schott, *Computer games: Texts, narrative and play*(pp.72-87). Cambridge: Polity Press.

Burn, A. (2006b). Reworking the text: Online fandom. In Diane Carr, David Buckingham, Andrew Burn, & Gareth Schott, *Computer games: Texts, narrative and play*(pp.88-102). Cambridge: Polity Press.

Carey, J. W. (1992). *Communication as culture: Essays on media and society*. New York: Routledge.

Carney, J. D. (1993). Representation and style. *Philosophy and Phenomenological Research, 53(4)*, 811-828.

Christensen, C. B. (1993). Sense, subject and horizon. *Philosophy and Phenomenological Research, 53(4)*, 749-780.

Cohen, S. & Taylor, L. (1992). *Escape attempts: The theory and practice of resistance to everyday life*. London: Routledge.

Conee, E. (1994). The nature and the impossibility of moral perfection. *Philosophy and Phenomenological Research, 54(4)*, 815-826.

Coole, D. (1996). Habermas and the question of alterity. In Maurizio passerin d'Entrves & Seyla Benhabib(Eds.), *Habermas and the unfinished project of modernity: Critical essays in the philosophical discourse of modernity*(pp.221-244). Cambridge: Polity Press.

Couldry, N. & Langer, A. I. (2005). Media consumption and public connection: Toward a typology of the dispersed citizen. *The Communication Review, 8*, 237-257.

Dahlgren, P. (1991). Introduction. In P. Dahlgren & C. Sparks(Eds.), *Communication and citizenship: Journalism and the public sphere in the new media age*(pp.1-24). London: Routledge.

Davies, B., & Harre, R. (1997). Positioning: The discursive production of selves. <http://www.massey.ac.nz/~ALock/position/position.html>

Davis, D. K. & Jasinski, J. (1994). Beyond the cultural wars: An agenda for research on communication and culture. In M. R. Levy & M. Gurevitch(Eds.), *Defining media studies: Reflections on the future of the field*(pp.149-157). Oxford: Oxford University Press.

de Certeau, M. (1984). *The practice of everyday life* (S. Rendall, Trans.). Berkeley: University of California Press.

Deikman, A. J. (1996).'I'=Awareness. *Journal of Consciousness Studies, 3(4)*, 350-356.

Delanty, G. (2006). The cosmopolitan imagination: Critical cosmopolitanism and social theory. *The British Journal of Sociology, 57(1)*, 25-47.

Deleuze, G. & Guattari, F. (1984). *Anti-Oedipus*. London: Athlone.

Dolar, M. (1994). The phrenology of spirit. In J. Copjec(Ed.), *Supposing the subject*(pp.64-83). London/New York: Verso.

Eagleton, T. (1990). *The ideology of the aesthetic*. Oxford: Blackwell.

Edwards, D. & Potter, J. (1992). *Discursive psychology*. London: Sage.

Elias, N. (1987). *Involvement and detachment*. Oxford: Basil Blackwell.

Elliott, A. (1996). *Subject to ourselves: Social theory, psychoanalysis and postmodernity*. Cambridge: Polity Press.

Ewen, S. (1990). Marketing dreams: The political elements of style. In A. Tomlinson(Ed.), *Consumption, identity, and style: marketing, meanings, and the packaging of pleasure*(pp.41-56). London: Routledge.

Feldman, F. (1995). Adjusting utility for justice: A consequentialist reply to the objection from justice. *Philosophy and Phenomenological Research, 55(3)*, 567-585.

Fine, R. & Boon, V. (2007). Cosmopolitanism: Between past and future. *European Journal of Social Theory, 10(1)*, 5-16.

Fiske, J. (1992). Cultural studies and the culture of everyday life. In L. Grossberg, C. Nelson & P. Treicher(Eds.), *Cultural studies*(pp.154-165). New York/London: Routledge.

Fiske, J. (1996). Postmodernism and television. In J. Curran & M. Gurevitch(Eds.), *Mass media and society(2nd ed.)*(pp.53-65). London: Arnold.

Foley, R. (1994). How should future opinion affect current opinion? *Philosophy and Phenomenological Research, 54(4)*, 747-766.

Foucault, M. (1977). *Discipline and punish*. New York: Pantheon.

Foucault, M. (1980). *Power/knowledge: Selected interviews and other writings,1972-1977*. New York: Pantheon.

Frye, M. (1996). The necessity of difference: Constructing a positive category of women. *Sign: Journal of Women in Culture and Society, 21(4)*, 991-1010.

Game, A. & Metcalfe, A. (1996). *Passionate sociology*. London: Sage.

Gergen, K. J. (1992). Toward a postmodern psychology. In S. Kvale(Ed.), *Psychology and postmodernism*(pp.17-30). London: Sage.

Gibbard, A. (1995). Why theorize how to live with each other? *Philosophy and Phenomenological Research, 55(2)*, 323-342.

Gibson-Graham, J. K. (1997). Postmodern becomings: From the space of form to the space of potentiality. In G. Benko & U. Strohmayer(Eds.), *Space and social theory: Interpreting modernity and postmodernity*(pp.306-323). Oxford: Blackwell.

Gilroy, P. (1997). Diaspora and the detours of identity. In Kathryn Woodward (Ed.), *Identity and difference*(pp.299-343). London: Sage/The Open University.

Gurwitsch, A. (1974). *Phenomenology and the theory of science*. Evanston: Northwestern University Press.

Gustafson, D. F. (1986). *Intention and agency*. Dordrecht: D. Reidel Publishing Company.

Hall, S. (1980). Encoding/Decoding. In S. Hall, D. Hobson, A. Lowe and P. Willis(Eds.),*Culture, media, language*(pp.128-138). London: Hutchinson.

Harré, R. & Gillett, G. (1994). *The discursive mind*. London: Sage.

Hayes, E. (2007). Gendered identities at play: Case studies of two women playing Morrowind. *Games and Culture, 2(1)*, 23-48.

Jagger, G. (1996). Dancing with Derrida: Anti-essentialism and the politics of female subjectivity. *Journal of Gender Studies, 5(2)*, 191-199.

Jenkins, H. (1992). 'Strangers no more, we sing': Filking and the social construction of the science fiction fan community. In Lisa A. Lewis(Ed.), *The adoring audience: Fan culture and popular media*(pp.208-236). London: Routledge.

Jensen, K. B. & Rosengren, K. E. (1990). Five traditions in search of the audience. *European Journal of Communication, 5(2/3)*, 207-238.

Jeske, D. (1997). Friendship, virtue, and impartiality. *Philosophy and Phenomenological Research, 57(1)*, 51-72.

Johnson, M. (1987). *The body in the mind: The bodily basis of meaning, imagination, and reason*. Chicago: The University of Chicago Press.

Kahn, J. S. (1995). *Culture, multiculture, postculture*. London: Sage.

Kellner, D. (2003). *Media spectacle*. London: Routledge.

Lash, S. (1990). *Sociology of postmodernism*. London: Routledge.

Lash, S. (1994). Reflexivity and its doubles: Structure, aesthetics, community. In U. Beck, A. Giddens & S. Lash, *Reflexive modernization: Politics, tradition and aesthetics in the modern social order*(pp.110-173). Cambridge: Polity Press.

Latour, B. (1988). The politics of explanation: An alternative. In S. Woolgar(Ed.), *Knowledge and reflexivity: New frontiers in the sociology of knowledge*(pp.155-176). London: Sage.

Levin, C. (1996). *Jean Baudrillard: A study in cultural metaphysics*. New York: Prentice Hall.

Lindlof, T. R. & Meyer, T. P. (1998). Taking the interpretive turn: Qualitative research of television and other electronic media. In Joy Keiko Asamen & Gordon L. Berry(Eds.), *Research paredigms: Television and social behavior*(pp. 237-268). Thousand Oaks: Sage.

Livingstone, S. M. (1994). The rise and fall of audience research: An old story with a new ending. In M. R. Levy & M. Gurevitch(Eds.), *Defining media studies: Reflections on the future of the field* (pp.247-254). New York/Oxford: Oxford University Press.

Lupton, D. (2006). The embodied computer/user. In David Bell(Ed.), *Cybercultures: Critical concepts in media and cultural studies*(pp.141-156). London: Routledge.

Lury, C. (1993). *Cultural rights: Technology, legality and personality*. London: Routledge.

Malaby, T. M. (2007). Beyond play: A New approach to games. *Games and Culture, 2(2)*, 95-113.

Martin, R. (1991). The problem of other cultures and other periods in action explanations. *Philosophy of the Social Sciences, 21(3)*, 345-66.

McCarthy, E. D. (1996). *Knowledge and culture: The new sociology of knowledge*. London: Routledge.

McQuail, D. (1997). *Audience analysis*. Thousand Oaks: Sage.

Michael, M. (2006). *Technoscience and everyday life: The complex simplicities of the mundane*. Maidenhead, Berkshire, England: Open University Press.

Miller, P. V. (1994). Made-to-order and standardized audiences: Forms of reality in audience measurement. In J. S. Ettema & D. C. Whitney(Eds.), *Audiencemaking: How the media create the audience*(pp.57-74). Thousand Oaks: Sage.

Misztal, B. A. (1996). *Trust in modern societies: The search for the bases of social order*. Cambridge: Polity Press.

Moores, S. (1993). *Interpreting audiences: The ethnography of media consumption*. London: Sage.

Morley, D. & Robins, K. (1995). *Spaces of identity: Global media, electronic landscape and cultural boundaries*. London: Routledge.

Morley, D. (1994). Active audience theory: Pendulums and pitfalls. In M. R. Levy & M Gurevitch(Eds.), *Defining media studies: Reflections on the future of the field* (pp.255-261). New York/Oxford: Oxford University Press.

Morley, D. (2006). Unanswered questions in audience research. *The Communication Review, 9*, 101-121.

Munro, R. (1996). The consumption view of self: Extension, exchange and identity. In S. Edgell. K. Hetherington, & A. Warde(Eds.), *Consumption matters*(pp.248-273). Oxford: Blackwell/The Sociological Review.

Murray, K. (1989). The Construction of identity in the narratives of romance and comedy. In J. Shotter & K. J. Gergen (Eds.), *Texts of identity*(pp.176-205). London: Sage.

Myerson, G. (1994). *Rhetoric, reason and society*. London: Sage.

Natter, W. & Jones, J. P. (1997). Identity, space, and other uncertainties. In G. Benko & U. Strohmayer(Eds.), *Sapce and social theory: Interpreting modernity and postmodernity*(pp.141-161). Oxford: Blackwell.

Newitz, A. (1995). Surplus identity on-line. *Bad Subjects,18*. <http://eserver.org/bs/18/newitz.html>

O`Sullivan, T. (1994). Audience. In T. O`Sullivan et al.(Eds.), *Key concepts in communication and cultural studies*(pp.19-20). London: Routledge.

O'Connor, T. (1993). Indeterminism and free agency: Three recent views. *Philosophy and Phenomenological Research, 53(3)*, 499-526.

Oddie, G. (1993). Act and maxim: Value-discrepancy and two theories of power. *Philosophy and Phenomenological Research, 53(1)*, 71-92.

Odegard, D. (1997). Neorationalist epistemology. *Philosophy and Phenomenological Research, 57(3)*, 567-584.

Orel, M. (2002). F. W. J. Schelling's and M. M. Bakhtin's process thinking. *Concrescence: The Australasian journal of process thought, 3*, 1-12. <http://concrescence.org/ajpt_papers/vol03/03_orel.pdf>

Parker, A. (1996). Praxis and performativity.*Women & Performance: A Journal of Feminist Theory, 8(2)*, 265-273.

Parker, I. (1992). *Discourse dynamics: Critical analysis for social and individual psychology*. London: Routledge.

Patton, P. (1994). Foucault's subject of power. *Political Theory Newsletter, 6(1)*, 60-71.

Pendlebury, M. (1994). Content and causation in perception. *Philosophy and Phenomenological Research, 54(4)*, 767-786.

Phillips, D. L. (1977). *Wittgenstein and scientific knowledge: A sociological perspective*. London: Macmillan.

Pivcevic, E. (1970). *Husserl and phenomenology*. London: Hutchinson.

Polkinghorne, D. E. (1992). Postmodern epistemology of practice. In S. Kvale(Ed.), *Psychology and postmodernism*(pp.146-165). London: Sage.

Pollner, M. (1991). Left of ethnomethodology: The rise and decline of radical reflexivity. *American Sociological Review, 56(June)*: 370-380.

Poster, M. (1995). Social theory and the new media. In M. Poster, *The second media age*(pp.3-22). Cambridge: Polity Press.

Preston, B. (1993). Heidegger and artificial intelligence. *Philosophy and Phenomenological Research, 53(1)*, 43-70.

Probyn, E. (1996). *Outside belongings*. London: Routledge.

Radden, J. (1994). Second thoughts: Revoking decisions over one's own future. *Philosophy and Phenomenological Research, 54(4)*, 787-802.

Radway, J. (1984). *Reading the romance: Women, patriarchy, and popular literature*. Chapel Hill: University of North Carolina Press.

Rainbolt, G. W. (1993). Rights as normative constraints on others. *Philosophy and Phenomenological Research, 53(1)*, 93-112.

Rantanen, T. (2005). Cosmopolitanization-now!: An iterview with Ulrich Beck. *Global Media and Communication, 1(3)*, 247-263.

Richards, M. & French, D. (1996). From global development to global culture? In D. French & M. Richards(Eds.), *Contemporary television: Eastern perspectives*(pp.22-48). London: Sage.

Rogers, R. A. (1996). Constructivism, feminism and nature: Does language have to in-form? Paper presented to the ORWAC division of the Western States Communication Association convention, Pasadena CA.

Rose, N. (1996). Identity, genealogy, history. In S. Hall & P. du Gay(Eds.), *Questions of cultural identity* (pp.128-150). London: Sage.

Rosen, M. (1982). *Hegel's dialectic and its criticism*. Cambridge: Cambridge University Press.

Ruddock, A. (2001). *Understanding audiences: Theory and method*. London: Sage.

Sayre, S. & King, C. (2003). *Entertainment and society: Audiences, trends, and impacts*. Thousand Oaks: Sage.

Schutz, A. (1964). *Collected papers II: Studies in social theory*. The Hague: Martinus Nijhoff.

Schutz, A. (1966). *Collected papers III: Studies in phenomenological philosophy*. The Hague: Martinus Nijhoff.

Schutz, A. (1967). *The phenomenology of social world*. Evanston: Northwestern University Press.

Scott-Kakures, D. (1993). On belief and the captivity of the will. *Philosophy and Phenomenological Research, 53(4)*, 77-104.

Sherman, N. (1993). The virtues of common pursuit. *Philosophy and Phenomenological Research, 53(2)*, 277-300.

Shotter, J. (1992). 'Getting in touch': The meta-methodology of a postmodern science of mental life. In S. Kvale(Ed.), *Psychology and postmodernism*(pp.58-73). London: Sage.

Shotter, J. (1993a). *Conversational realities: Constructing life through language*. London: Sage.

Shotter, J. (1993b). *Cultural politics of everyday life*. Buckingham: Open University Press.

Slack, J. D. & Whitt, L. A. (1992). Ethics and cultural studies. In L. Grossberg, C. Nelson, P. Treicher(Eds.), *Cultural studies*(pp.571-592). London: Routledge.

Slugoski, B. R. & Ginsburg, G. P. (1989). Ego identity and explanatory speech. In J. Shotter & K. J. Gergen (Eds.), *Texts of identity*(pp.36-55). London: Sage.

Smith, M. (1995). Internal reasons. *Philosophy and Phenomenological Research, 55(1)*, 109-132.

Smith, W. (2007). Cosmopolitan citizenship: Virtue, irony and worldliness. *European Journal of Social Theory, 10(1)*, 37-52.

Stein, E. (1997). Can we be justified in believing that humans are irrational? *Philosophy and Phenomenological Research, 57(3)*, 545-566.

Szerszynski, B. & Urry, J.(2006) . Visuality, mobility and the cosmopolitan: Inhabiting the world from afar. *The British Journal of Sociology, 57(1)*, 113-131.

Talbott, W. J. (1995). Intentional self-deception in a single coherent self. *Philosophy and Phenomenological Research, 55(1)*, 27-74.

Taylor, M. C. & Saarinen, E. (1994). *Imagologies: Media philosophy*. London: Routledge.

Taylor, T. L. (2003). Multiple pleasures: Women and online gaming. *Convergence, 9(1)*, 21-46.

Thompson, J. B. (1994). Social theory and the media. In D. Crowley & D. Mitchell(Eds.), *Communication theory today*(pp.27-49). Cambridge: Polity Press.

Thompson, J. B. (1995). *The media and modernity: A social theory of the media*. Oxford: Polity Press.

Tomlinson, A. (1990). Introduction: Consumer culture and the aura of the commodity. In A. Tomlinson(Ed.), *Consumption, identity, and style: Marketing, meanings and the packaging of pleasure*(pp.1-38). London: Routledge.

Turkle, S. (1995). *Life on the screen: Identity in the age of the Internet*. New York: Simon & Schuster.

van Krieken, R. (1995). Organizations and discipline: Proto-governmentalization and the historical formation of organizational subjectivity. <http://www.arts.su.edu.au/Arts/departs/social/papers/rvk95b.html>

Velleman, J. D. (1997). How to share an intention. *Philosophy and Phenomenological Research, 57(1)*, 29-50.

Vogel, L. (1993). Understanding and blaming: Problems in the attribution of moral responsibility. *Philosophy and Phenomenological Research, 53(1)*, 129-142.

Vološinov, V. N. (1996). *Marxism and the philosophy of language.* Cambridge, Mass.: Harvard University Press.

Walker, T. (1988). Whose discourse? In S. Woolgar(Ed.), *Knowledge and reflexivity: New frontiers in the sociology of knowledge*(pp.55-79). London: Sage.

Wallace, W. L. (1992). Metatheory, conceptual standardization, and the future of sociology. In G. Ritzer (Ed.), *Metatheorizing*(pp.53-68). Newbury Park, CA: Sage.

Weinstein, D. & Weinstein, M. A. (1992). The postmodern discourses of metatheory. In G. Ritzer(Ed.), *Metatheorizing*(pp.135-150). Newbury Park, CA: Sage.

Whitehead, A. N. (1958). *Modes of thought.* New York: Capricorn Books.

Whitehead, A. N. (1960). *Process and reality: An essay in cosmology.* New York: Harper & Brothers.

Whitehead, A. N. (1978). *The concept of nature.* London: Cambridge University Press.

Whitehead, A. N. (1985). *Symbolism, its meaning and effect.* New York: Fordham University Press.

Wilmot, W. W. (1980). Metacommunication: A re-examination and extension. *Communication Yearbook, 4*: 61-69.

Wolfe, A. (1989). *Whose keeper? Social science and moral obligation.* Berkeley: University of California Press.

Woodward, K. (1997). Concepts of identity and difference. In Kathryn Woodward(Ed.), *Identity and difference*(pp.7-50). London: Sage/The Open University.

174   閱聽人論述

Woolgar, S. & Ashmore, M. (1988). The next step: An introduction to the reflexive project. In S. Woolgar(Ed.), *Knowledge and reflexivity: New frontiers in the sociology of knowledge*(pp.1-11). London: Sage.

Woolgar, S. (1988). Reflexivity is the ethnographer of the text. In S. Woolgar(Ed.), *Knowledge and reflexivity: New frontiers in the sociology of knowledge*(pp.14-34). London: Sage.

國家圖書館出版品預行編目

閱聽人論述 / 盧嵐蘭著. -- 一版. -- 臺北市
　：秀威資訊科技, 2008.04
　　面；　公分. - -（社會科學類；AF0079）
　參考書目：面
　ISBN 978-986-221-002-4(平裝)

　1. 閱聽人　2. 閱聽人研究

　541.83　　　　　　　　　　　　97006605

 社會科學類　　AF0079

閱聽人論述

作　　者 / 盧嵐蘭
發 行 人 / 宋政坤
執行編輯 / 詹靚秋
圖文排版 / 郭雅雯
封面設計 / 蔣緒慧
數位轉譯 / 徐真玉　沈裕閔
圖書銷售 / 林怡君
法律顧問 / 毛國樑　律師
出版印製 / 秀威資訊科技股份有限公司
　　　　　 台北市內湖區瑞光路 583 巷 25 號 1 樓
　　　　　 電話：02-2657-9211　　　傳真：02-2657-9106
　　　　　 E-mail：service@showwe.com.tw
經 銷 商 / 紅螞蟻圖書有限公司
　　　　　 台北市內湖區舊宗路二段 121 巷 28、32 號 4 樓
　　　　　 電話：02-2795-3656　　　傳真：02-2795-4100
　　　　　 http://www.e-redant.com

2008 年 4 月 BOD 一版
定價：210 元

讀 者 回 函 卡

感謝您購買本書，為提升服務品質，煩請填寫以下問卷，收到您的寶貴意見後，我們會仔細收藏記錄並回贈紀念品，謝謝！

1.您購買的書名：＿＿＿＿＿＿＿＿＿＿＿＿＿＿＿＿＿

2.您從何得知本書的消息？

　　□網路書店　□部落格　□資料庫搜尋　□書訊　□電子報　□書店

　　□平面媒體　□ 朋友推薦　□網站推薦 □其他＿＿＿＿＿＿

3.您對本書的評價：(請填代號　1.非常滿意 2.滿意 3.尚可 4.再改進)

　　封面設計＿＿＿　版面編排＿＿＿　內容＿＿＿　文/譯筆＿＿＿　價格＿＿＿

4.讀完書後您覺得：

　　□很有收獲　□有收獲　□收獲不多　□沒收獲

5.您會推薦本書給朋友嗎？

　　□會　□不會，為什麼？＿＿＿＿＿＿＿＿＿＿＿＿＿＿＿＿

6.其他寶貴的意見：＿＿＿＿＿＿＿＿＿＿＿＿＿＿＿＿＿＿

＿＿＿＿＿＿＿＿＿＿＿＿＿＿＿＿＿＿＿＿＿＿＿＿＿＿＿＿＿＿

＿＿＿＿＿＿＿＿＿＿＿＿＿＿＿＿＿＿＿＿＿＿＿＿＿＿＿＿＿＿

＿＿＿＿＿＿＿＿＿＿＿＿＿＿＿＿＿＿＿＿＿＿＿＿＿＿＿＿＿＿

讀者基本資料

姓名：＿＿＿＿＿＿＿＿＿＿　年齡：＿＿＿＿　性別：□女 □男

聯絡電話：＿＿＿＿＿＿＿＿　E-mail：＿＿＿＿＿＿＿＿＿＿

地址：＿＿＿＿＿＿＿＿＿＿＿＿＿＿＿＿＿＿＿＿＿＿＿＿＿

學歷：□高中(含)以下　　□高中　　□專科學校　　□大學

　　　□研究所(含)以上 □其他＿＿＿＿＿＿＿＿＿

職業：□製造業 □金融業 □資訊業 □軍警 □傳播業 □自由業

　　　□服務業 □公務員 □教職　　□學生 □其他＿＿＿＿＿＿

To：114

台北市內湖區瑞光路 583 巷 25 號 1 樓

秀威資訊科技股份有限公司　　　收

寄件人姓名：

寄件人地址：□□□

(請沿線對摺寄回,謝謝!)

秀威與 BOD

BOD（Books On Demand）是數位出版的大趨勢，秀威資訊率先運用 POD 數位印刷設備來生產書籍，並提供作者全程數位出版服務，致使書籍產銷零庫存，知識傳承不絕版，目前已開闢以下書系：

一、BOD 學術著作—專業論述的閱讀延伸
二、BOD 個人著作—分享生命的心路歷程
三、BOD 旅遊著作—個人深度旅遊文學創作
四、BOD 大陸學者—大陸專業學者學術出版
五、POD 獨家經銷—數位產製的代發行書籍

BOD 秀威網路書店：www.showwe.com.tw
政府出版品網路書店：www.govbooks.com.tw

永不絕版的故事·自己寫·永不休止的音符·自己唱